인간의 가치에 관한 고전

당신은 하나님의 최고의 작품입니다
YOU ARE GOD'S BEST!

T. L. 오스본 지음 | 김지윤 옮김

믿음의말씀사

You Are God's Best! :
A Classic on Human Value
by T. L. Osborn

당신은 하나님의 최고의 작품입니다

발행일 2019. 4. 20 1판 1쇄 발행
         2024. 2. 2 1판 4쇄 발행

지은이   T. L. 오스본
옮긴이   김지윤
발행인   최순애
발행처   믿음의말씀사
2000. 8. 14 등록 제 68호
우) 16934 경기도 용인시 기흥구 신정로 301번길 59
Tel. 031) 8005-5483 Fax. 031) 8005-5485
http://faithbook.kr

ISBN 89-94901-88-4 03230
값 10,000원

본 저작물의 저작권은 '믿음의 말씀사'가 소유합니다.
저작권법에 의해 보호를 받는 저작물이므로 무단 전재와 복제를 금합니다.

| 목차 |

서문 _ 7

- 1장 하나님과 같이 창조되었습니다 _ 15
- 2장 당신의 기적을 시작하십시오 _ 23
- 3장 당신의 존귀함을 발견하십시오 _ 31
- 4장 변화를 일으키는 능력을 가지고 있습니다 _ 47
- 5장 당신은 있는 그대로 귀한 존재입니다 _ 57
- 6장 사랑이 당신의 가치를 증명했습니다 _ 63
- 7장 진정한 사존감을 가지십시오 _ 71
- 8장 지금 모습 그대로 사랑 받고 있습니다 _ 77
- 9장 하나님은 당신과 나를 통해 일하십니다 _ 85
- 10장 부모와 자녀 관계입니다 _ 109
- 11장 다른 사람들을 일으켜 세워주는 사람입니다 _ 113
- 12장 절대 낮추지 말고 항상 높이십시오 _ 121
- 13장 하나님의 삶의 방식을 나누십시오 _ 127
- 14장 새로 거듭난 자아를 가지고 있습니다 _ 135
- 15장 하나님은 최고의 예술가이십니다 _ 141
- 16장 하나님의 가치를 받아들이십시오 _ 147
- 17장 열등감으로부터 자유합니다 _ 153
- 18장 당신이 발견한 것들을 하나님께 말씀 드리십시오 _ 163
- 19장 기독교의 임무 – 오스본 미니스트리의 회고 _ 167

헌사

우리의 전 세계 사역을 함께 해주시는 분들께

여러분의 신실한 지지와 후원으로 인해 우리는 84개국의 수백만 명의 사람들에게 하나님이 그들을 얼마나 귀하게 여기시는지와, 하나님은 그들에게 화나 있지 않으시며, 그분이 그들을 위해 지불한 값이 그들의 가치를 증명하였다는 것을 전파할 수 있었습니다.

T. L. 오스본

라도나 오스본 박사

서문
당신을 향한 하나님의 계획은 모두 선합니다

마크 트웨인Mark Twain이 말하기를 "당신의 꿈을 하찮게 여기는 사람들을 멀리하십시오. 형편없는 사람들은 언제나 다른 사람들의 꿈을 하찮게 봅니다. 하지만 훌륭한 사람들은 당신 역시 훌륭한 사람이 될 수 있다고 생각하게 만듭니다." 그의 말은 나의 아버지인 T. L. 오스본 목사의 신념을 잘 나타냅니다. T. L. 오스본 목사는 당신이 하나님의 최고의 작품이라는 것을 발견하도록 돕기 위해 이 책을 저술했습니다. 당신은 하나님의 계획이자 꿈이기 때문에 당신의 삶은 이미 운명 지어져 있습니다.

미국 달라스의 유명한 사업가 메리 크로울리는 이렇게

말합니다. "당신은 중요한 사람입니다. 왜냐하면 하나님께서는 쓸데 없는 사람을 만들기 위해 자신의 시간을 낭비하는 분이 아니시기 때문입니다." 우리는 각 사람에게 가장 큰 위기는 자신의 정체성에 관해 의구심을 갖는 것이라고 믿습니다.

당신은 성공을 위한 아래의 다섯 가지 원리에 대해 생각해 본 적이 있으십니까?

1. 당신의 관계성을 발견하십시오.
2. 당신의 권세를 취하십시오.
3. 당신의 능력을 사용하십시오.
4. 당신의 부요를 아십시오.
5. 당신의 운명을 믿으십시오.

자신의 정체성, 가치, 삶의 목적에 대한 가치관은 인격에 영향을 주는 매우 핵심적인 요소입니다. 한 유명한 심리학자는 "강력한 자아상이 성공을 위한 최고의 준비물이라는 말은 과장이 아니다"라고 말했습니다. 이 책은 하나님 안에서 당신의 근원, 하나님께서 당신에게 두신 가치, 당신 안에 있는 무한한 잠재력, 평안, 부요, 성공, 성취의 중요한 원리들을 발견하도록 도울 것입니다. 이 책은 긍정적인 책입니다. 이 책은 당신의 풍성한 유산과 가능성을 당신 안에서 역사하시는 하나님과 함께 발견하도록 격려함으로써 당신을 돕고 영감을 줄 것입니다.

이 책은 성경에서 말하는 복음에 기초하고 있습니다. 이 소식은 **좋은** 소식입니다. 당신을 향한 하나님의 계획은 모두 **선합니다.** 그분은 당신에게 화가 나 있지 않으십니다. 그분은 당신을 있는 그대로 사랑하시며, 당신이 저지른 모든 잘못들에 대해서 이미 값을 지불하셨습니다. 바로 이 점이 하나님께서 당신이 알기 원하시는 사실입니다. 그분은 당신을 완전히 믿으시기 때문에 누군가가 당신에게 그분의 사랑의 계획을 전하기만 한다면 당신이 그분께 긍정적으로 반응할 것이라 기대하십니다.

프랑스 왕자 이야기

다른 사람을 저주하기를 거부한 프랑스 왕자의 이야기는 늘 나에게 영감을 줍니다. 그의 아버지였던 루이 14세는 프랑스 혁명 때 왕비와 함께 참수 당했습니다. 어린 왕자 역시 참수하기 위해 단두대를 준비하고 있을 때 군중들이 소리쳤습니다. "그를 죽이지 말라. 그는 아직 너무 어리기 때문에 천국으로 가게 될 텐데, 그건 이 사악한 왕가의 일원에게는 과분하다."

대신 그들은 다른 계획을 가지고 있었습니다. "왕자를 마녀에게 넘겨주자. 마녀는 왕자가 다른 사람을 저주하도록 가르칠 거야. 그러면 그는 죄를 짓게 될 것이고, 죽고 나면 지옥에 가겠지." 몇 달 동안 마녀는 왕자가 다른 사람을 저주하도록 종용했지만, 모두 헛된 노력이었습니다. 그는 바닥을 발로 쿵쿵 치며 다른 사람을 저주하기를 거절했습니다. "나는 왕으로 태어났다. 그렇기 때문에 결코 그런 식으로 말하지 않을 것이다."라고 강력히 주장했습니다.

자신이 무엇을 위해 태어났으며 하나님께서 자신에게 두신 가치가 무엇인지 발견하는 것은 모든 삶의 방식에 영향을 줍니다. 당신의 유산은 너무나도 풍성하고 당신의 삶은 굉장히 중요해서 결코 다른 것과 타협할 수 없습니다. 열등감으로 위축되거나 두려워하거나 스스로를 비하하는 것은 당신을 향한 하나님의 꿈과 이상을 부인하는 것입니다. 미국 남부 지역에 살던 한 흑인 남성은 다른 사람들로부터 반드시 그의 열등함을 받아들이고 그 가운데 살아가는 방법을 배워야 한다고 들어왔습니다. 그러나 그는 이렇게 반문했습니다. "내가 하나님의 자녀인데 어떻게 열등할 수 있는가?"

위대한 정체성

T. L. 오스본 목사는 이 책을 통해 당신이 하나님과 함께 자신의 정체성을 형성하는 가장 위대한 발견을 하도록 도울 것입니다. 하나님은 결코 실패자를 만들지 않으실 뿐만 아니라 당신을 성공하는 행복한 사람으로 만드셨다는 것을 깨닫기 바랍니다. 그분은 당신에게 화나 있지 않으시며, 오히려 당신을 그분이 원래 계획하신 위치로 회복시키기 위해 헤아릴 수 없는 큰 값을 지불하셨습니다. 이러한 사실들을 깨달을 때 당신은 풍성한 삶으로 들어가는 문을 발견하게 됩니다. 이 책은 오직 **좋은** 소식들만 담고 있습니다. 그 안에는 어떠한 정죄도 없습니다. 예수님은 누군가를 정죄하기 위해 오지 않으셨습니다. 우리 또한 아무도 정죄하지 않습니다.

"하나님께서 자기 아들을 세상에 보내신 것은 세상을 정죄하려 하심이 아니요, 그를 통하여 세상이 구원받게 하려 하심이라"(요 3:17)

가장 죄를 많이 저지른 사람이라 할지라도 하나님의

창조물로서 존중받아야 합니다. 다른 사람을 비판하거나 결점을 찾거나 하찮게 여기는 것에서는 어떤 선한 것도 얻을 수 없습니다. 하나님께서 인간을 창조하기 위해 얼마나 많은 투자를 하셨고 또 그들을 구원하기 위해 어떤 값을 지불하셨는지 안다면, 그분이 각 사람을 얼마나 귀하게 여기시는지 깨닫게 됩니다. 이는 우리로 하여금 다른 사람들을 귀하게 여기게 합니다.

최고의 가치를 지닌 존재

복음에 근거하고 있는 이 책은 당신을 세워줄 것입니다. 나의 아버지와 나는 하나님께서 그토록 많은 값을 지불하시면서 존귀함으로 회복시키려고 하신 사람들을 비하하거나, 가치를 떨어뜨리거나, 존경심이나 품위를 떨어뜨리거나, 창피를 주거나, 폄하하는 설교를 하거나 가르치거나 책을 쓴 적이 없습니다.

예수 그리스도께서 사랑 가운데 자신의 생명을 내려놓은 이유인 우리 모두는 가장 높은 수준의 존중과 진심 어린 존경을 받을 만한 가치를 지니고 있습니다. 하나님께서는 언제나 모든 분야에 있어 1등급이시기 때문에, 당신 역시 하나님의 최고의 작품입니다. 그분은 2등급의 인간을 창조하신 적이 없습니다. 하나님의 가족 중 어떤 사람도 모자라거나 중요하지 않거나 부수적인 존재가 아닙니다.

"이는 만민에게 동일한 주께서 그를 부르는 모든 사람에게 부요하심이라. 주의 이름을 부르는 자는 누구나 구원을 받으리라."(롬 10:12-13)

"너희가 다 그리스도 예수 안에서 믿음으로 말미암아 하나님의 자녀들이 되었으니. 유대인이나 헬라인도 없고, 종이나 자유인도 없으며, 남자와 여자도 없으니, 이는 너희 모두가 그리스도 예수 안에서 하나이기 때문이라."(갈 3:26,28)

— 라도나 C. 오스본

나는 하나님의 형상으로 창조되었습니다.

하나님께서는 나를 중요한 사람으로 보십니다.

하나님은 나를 믿으시고 신뢰하십니다.

하나님은 나를 사랑하시고 나를 필요로 하십니다.

하나님은 이 세상에 살았던 혹은 살고 있는 모든 인류를 위해 지불한 값과 동일한 값을 나를 위해서도 지불하셨습니다.

1 장

하나님과 같이 창조되었습니다

유럽의 한 젊은 여성이 나와 내 아내 데이지를 만나기 위해 집을 나와 바다를 건너 오클라호마 털사까지 왔습니다. 어린 시절부터 그녀의 부모는 그녀에게 멍청하고, 공부를 못 할 것이고, 매력적이지 않고, 직업을 가지지 못할 것이고, 남편에게 사랑받지 못할 것이라고 말해 왔습니다. 그들이 부정적인 말들을 할수록 그녀의 잠재의식 속에 부정적인 것들이 새겨졌을 뿐만 아니라 실제로 그녀의 삶에 나타났습니다.

부정적 사고의 노예

이 여성은 평생을 부정적이고 파괴적인 집안 분위기에 눌린 채로 살았습니다. 그녀는 자신 없고, 소심하고, 내성적이고, 복종적인 사람이 되었습니다. 그녀의 부모는 부정적이고 파괴적인 씨앗을 그녀의 마음에 심은 것만으로 그녀를 부정적인 사고의 노예로 만드는데 성공했습니다. 그녀는 혼자 외출하는 것이 무서웠고, 할 수 있었던 일이라곤 집 바닥을 닦는 일이었습니다. 그녀는 그녀의 부모가 말했던 대로 멍청해 졌기 때문에 우리 부부를 보기 위해 미국에 가는 것을 생각할 수 조차 없었습니다. 그녀는 비밀스럽게 자신의 여권과 비자를 챙기고 비행기 티켓을 준비했습니다.

그녀는 이해가 느리거나 우둔하지 않았습니다. 그녀는 단지 정서적으로 불안정했을 뿐입니다. 잔혹한 그녀의 부모는 그들의 자기 혐오를 가장 쉽게 영향을 끼칠 수 있는 딸에게 옮겼고, 그로 인해 그녀는 정신적으로 망가진 상태가 되었습니다.

당신이 말하는 것을 생산하게 됩니다

당신의 말이 긍정적이든 부정적이든 그것은 씨앗입니다. 그 씨앗에는 듣는 사람들을 당신과 같은 종류의 사람으로 만들어내는 능력이 있습니다. 당신의 말은 당신의 씨앗이며 그 씨앗은 다른 사람들에게 당신이 말한 대로의 결과를 낳습니다. 당신이 습관적으로 남을 판단하고 정죄한다면 당신은 당신을 판단하고 정죄하는 사람들을 만들어냅니다. 당신이 남을 비난하는 말들을 한다면 당신을 비난하는 사람들을 얻게 됩니다. 당신은 당신의 말을 듣는 사람들과 가족들의 마음에 무엇을 심든지 그대로 거두게 됩니다. 이것은 변하지 않는 법칙입니다.

그녀에게 역사한 사랑의 능력

우리는 그 젊은 유럽 여성을 우리의 개인 기도실로 데려가서 그녀를 사랑해주고, 존중해주고, 그녀가 지금껏 겪었던 고통을 공감해주었습니다. 우리는 그녀의 상처받은 겉모습 속에서 자신의 인생에서 존재감을 드러내고 싶어하는 빛나고 사랑스러운 여성을 볼 수 있었습니다. 그녀는 굉장히 갈급한 마음으로 물에 빠진 사람이 밧줄을 쥐어 잡듯이 그녀의 자존감을 높이는 고백들을 붙잡았습니다. 그녀가 말할 때마다 그녀의 입과 얼굴에 경련이 일듯이 찡그려졌습니다. 그녀의 머리와 어깨가 그녀의 의지와 상관없이 비틀어졌습니다. 그녀의 온 몸은 그녀의 정서적인 상태를 보여주고 있었습니다. 거의 대부분의 사람이 불안정해보이는 그녀의 상태에 대해 부정적으로 판단했겠지만, 그녀의 유일한 문제는 그녀가 집에서 부모님으로부터 들어왔던 부정적인 말들과 생각들이었습니다.

새로운 고백

그 젊은 여성은 우리의 기도실에서 하나님을 올려다보며 서 있었습니다. 그녀의 뺨에 눈물이 흘러내리고 있을 때, 그녀에게 이 문장들을 큰 소리로 고백하게 했습니다:

나는 하나님과 같은 형상으로 창조되었습니다. 나는 하나님께 매우 중요한 사람입니다. 그분은 나를 신뢰하십니다. 그분은 나를 사랑하시고, 나는 그분께 필요한 존재입니다. 나는 그분의 계획 가운데 있습니다. 하나님께서는 모든 사람들을 사랑하듯 나를 사랑하십니다.

그리고 나서 우리는 그녀와 함께 기도했고, 그녀가 유럽에 돌아갔을 때 그녀는 새로운 사람이 되었습니다. 그녀는 삶을 살아갈 목적이 있다는 것, 인생에서 성공할 수 있다는 것, 하나님께서 그녀에게 지극히 많은 관심을 가지고 계시다는 것과 하나님께서 그녀를 귀하게 여기신다는 것을 믿었습니다. 그녀는 자신에 대해서 긍정적인 생각들을 했으며 어깨를 쫙 펴고 곧게 서서 걸었습니다. 그녀는 웃을 수 있었습니다. 그녀는 소망을 갖게 되었고, 자신의 삶을 향한 하나님의 계획이 있음을 믿게 되었습니다. 그녀는 새로운 인생관을 갖게 되었습니다. 그녀의 생각들이 변화되었기 때문에 그녀의 모든 삶 역시 변화될 수 있었습니다.

낡고 닳은 동전

그녀가 유럽으로 떠나기 전, 나와 데이지는 우리가 평소 45분 정도 조깅을 하는 털사의 한 강변 산책로에 있었습니다. 그때 길에서 낡고 닳은 동전 하나를 발견했습니다. 수백 대의 차량들이 그 동전 위를 지나갔기 때문에 그 동전은 여기저기 긁혀서 거의 알아보기 힘든 상태였습니다. 그 동전을 집어 들어 손에 쥐고 있을 때 주님께서 나에게 속삭이셨습니다:

"그 동전은 완전 새 것처럼 아름답고 빛나는 동전과 같은 가치를 가지고 있어. 그 가치는 동일해. 유럽에서 온 그 사랑스러운 여성과 같이 말이야."

"그녀에게 가서 내가 방금 너에게 말한 것들을 다시 말해주렴. 그녀가 부모님과 주위 사람들로 인해 상처받고 망가졌을지라도 그녀는 유럽에서 가장 아름다운 여성 같이 소중하단다." 그 동전을 가지고 가서 그녀의 손 위에 올려놓았습니다. 그녀가 그 동전을 쳐다보았을 때 하나님의 메시지를 전달했습니다. 그녀가 그 동전을 쥐고서 나를 따라 이렇게 말했습니다:

"저의 인생은 이 낡은 동전과 같아요. 그렇지만 전 유럽에서 가장 완벽하고 아름다운 사람처럼 귀한 사람이에요!"

그녀는 그 동전을 성경과 함께 보관하겠다고 약속했습니다. 그녀는 누군가 그녀를 경멸하는 발언을 할 때마다 이 동전을 들고 이렇게 얘기하겠다고 다짐했습니다:

"저의 인생은 이 낡은 동전과 같아요. 그렇지만 전 유럽에서 가장 완벽하고 아름다운 사람처럼 귀한 사람이에요!"

그녀의 삶에 일어난 변화는 기적적이었습니다.

그녀는 하나님의 가치를 발견했습니다

그녀는 자존감을 심어 주는 사실들을 발견했습니다. 그녀는 하나님의 창조물입니다. 하나님은 그녀를 사랑하셔서 하나님의 아들의 죽음이라는 최고의 값을 지불하시고 그녀를 구원하셨습니다. 그래서 그녀는 하나님께서 본래 계획하셨던 대로 다시 하나님과 하나가 되고, 그분과 함께 걸으며, 그분의 생명을 나누어 가질 수 있게 되었습니다.

이것이 하나님께서 당신을 향해 계획하신 일이며, 당신이 하나님의 최고의 작품이라는 것을 발견할 수 있도록 당신을 위해 나에게 이 책을 쓰게 하신 분 역시 하나님이십니다.

나는 하나님의 형상대로 그분과 같이 창조되었으며,
인간의 모습으로 그분을 나타내도록 창조되었습니다.
* 나는 생명과 사랑을 위해 창조되었습니다.
* 나는 능력과 부요를 위해 창조되었습니다.
* 나는 성공과 진보를 위해 창조되었습니다.
* 나는 존귀함과 신성함을 위해 창조되었습니다.

2장

당신의 기적을 시작하십시오

  이 책에서 발견하게 될 강력한 기본 원리는 당신이 삶에서 필요로 하는 기적을 실제로 일으키기 시작할 것입니다. 이 책을 읽을수록 하나님의 능력이 당신 안에서 일하기 시작합니다. 당신이 이것을 심령 속에 인지하고 있다면 위대한 원리를 발견하게 될 것입니다. 당신의 문제는 해결됩니다. 질병은 사라집니다. 두려움과 염려는 사라집니다. 죄책감과 불안함도 사라집니다. 당신의 속사람이 일어나기 시작합니다.

  이 강력한 원리를 발견할 때, 당신의 지성을 다해 받아들이십시오. 당신은 준비되었습니다. 그렇기 때문에 당신이 지금 이 순간에 이 책을 접하게 된 것입니다. 어떠한 원리이든지 당신이 받아들일 준비만 되었다면 당신은 그 원리를 이해하고 받아들일 수 있습니다.

읽고 발견하십시오

이 책을 통해 당신 안에 심겨진 씨앗들은 하나님의 최고의 결과물들을 생산합니다. 그 씨앗들은 기적과 같은 결과를 냅니다. 불가능해 보였던 것들을 바라보며 "이제 나는 어떻게 해야 할지, 무슨 말을 해야 할지, 어떻게 이 문제를 다루고 승리해야 하는지 알고 있어." 라고 말할 수 있습니다.

운명은 지금 당신 안에서 일하고 있습니다

왜 당신이 전 세계 수많은 사람들을 일으켜 세운 이 원리들을 알도록 선택되었다고 생각하십니까? 하나님은 이렇게 말씀하십니다.

"난 널 사랑한단다. 너를 창조할 때, 나는 나의 최고를 만들었단다. 너를 위한 값을 지불했고, 너는 내가 치룬 값만큼 가치가 있단다. 나는 너를 위해 최고를 예비해 두었다."

성공, 평안, 행복한 삶을 위한 중요하고 기본적인 원리들을 나눌 때, 당신이 토마스 에디슨처럼 생각하기 원합니다. 어떤 사람이 그에게 어떻게 그런 많은 발명품을 세상에 선보였는지 질문하자, 그는 이렇게 대답했습니다. "나는 절대 글로 생각하지 않았습니다. 나는 그림으로 생각했습니다." 당신의 생각이 마음껏 날아다니도록 하십시오. 그리고 나서 하나님께서 당신을 위해 계획해 놓으신 모든 것을 담대하게 믿는 자가 되십시오.

말함으로 시작하십시오

바로 지금, 당신의 인생에 대한 아래의 사실들을 믿고 받아들이기로 결단하십시오. 스스로에게 이렇게 말하십시오.

"나는 인간의 모습으로 하나님을 드러내기 위해, **그분과 같이 되도록 하나님의 형상으로 창조되었다.** 나는 생명, 사랑, 능력, 부요, 성공, 진보, 존귀함, 신성함을 위해 창조되었다."

이러한 사실들에 반응하고 자신이 독특한 가치와 목적을 가지고 있다는 것을 믿을 때, 당신은 삶에서 위와 같은 수확을 거둘 것을 보장하는 진리의 씨앗을 심고 있는 것입니다.

하나님께서는 어떤 것도 열등하게 만들지 않으셨습니다. 하나님은 언제나 최고를 만드십니다. 하나님은 당신을 독특하게 만드셨습니다. 당신은 유일무이하며 탁월한 존재입니다.

당신이 태어나기 전부터 당신은 하나님의 마음 속에 있었습니다. 하나님은 세상이 지금 이 시기에 당신을 필요로 할 것을 알고 계셨습니다. 하나님은 당신만이 성취할 수 있는 특별한 목적을 가지고 당신을 만드셨습니다. 당신만이 이 땅에서 완수할 수 있는 일이 있습니다.

하나님은 대단한 당신을 보십니다

이것은 강력한 사실입니다. 하나님은 어떤 사람도 아무것도 성취하지 못하는 실패자로 만들지 않았습니다. 그 누구도 부정함, 수치심, 질병, 고통, 파괴, 비생산적인 삶을 살도록 태어나지 않았습니다. 하나님께서는 어떤 사람도 수치심 가운데 기어 다니거나, 두려움 가운데 떨도록 만들지 않으셨습니다. 하나님은 원래 그분이 창조하신 대로 대단한 당신을 보십니다.

예수님은 베드로를 보셨을 때, 그가 되도록 예정하신 모습인 교회의 리더로 보셨습니다. 예수님은 베드로가 평범한 어부였을 때도 그 안에 있는 자질들을 보셨습니다. 예수님이 그를 '반석'(마 16:18)이라고 부르셨을 때

베드로가 어떤 사람인지 알았던 사람들은 놀랄 수밖에 없었습니다.

지금 당신은 하나님께서 창조하시고 이 특정한 시기에 태어나게 하신 자신에 대한 그림을 그리고 있습니다. 자신이 하나님의 형상으로 창조되고 하나님과 같이 만들어졌다는 것을 받아들이시겠습니까? 다윗은 시편 8편 5절에서 이렇게 말했습니다. "하나님은 너를 천사들보다 조금 낮게 지으셨다"(히브리어 원문 : 하나님보다 조금 낮게). 자신을 하나님과 같은 수준의 존재로 보고 있습니까?

하나님께서 귀하게 여기시는 당신을 향한 꿈

하나님께서는 당신을 귀하게 여기는 것을 포기하신 적이 없습니다. 당신은 스스로에 대해 낙담할 수 있을지라도 하나님은 당신을 가치 있게 보십니다. 당신이 스스로를 비난하거나 다른 사람들이 당신을 비방할 수 있게 내버려 둘지라도, 하나님께서 당신을 높이십니다. 우리는 그분의 걸작품이며 하나님께서 이 세상에 창조하신 모든 것을 다스리고 통치할 권세를 받았습니다(창 1:28-30, 시 8:6-8).

당신을 하나님의 형상으로 보십시오. 당신은 절대 가난하고, 불행하고, 지배 당하고, 조종되고, 남용되고, 수치심을 느끼도록 지어지지 않았다는 것을 깨달으십시오. 당신은 하나님과 함께 걷고, 대화하며, 살아가고, 통치하도록 하나님과 같은 수준으로 창조되었습니다. 하나님은 그분의 충만함, 고귀함, 왕국을 위해 당신을 만드셨습니다. 당신이 이 중요한 원리를 발견한다면 그 무엇도 당신을 막아 서거나 제한할 수 없습니다.

하나님께서 당신에게 주신 가치를 발견하십시오.

자신을 정죄하는 것을 멈춘다면, 다른 사람을 정죄하지 않을 수 있습니다.

하나님께서 당신을 어떻게 창조하셨는지 믿는다면, 그분이 다른 사람들에게 어떠한 사랑의 계획을 가지고 계신지 믿을 수 있습니다.

3 장

당신의 존귀함을 발견하십시오

당신은 하나님의 최고의 작품입니다.

하나님의 계획은 당신이 이 사실을 발견하는 것입니다. 그렇기 때문에 지금 이 책이 당신의 손에 쥐어진 것입니다. 하나님께서 당신을 미리 예정해 두셨으며, 당신은 그분의 계획에 딱 맞는 사람입니다.

이러한 사실들을 깨닫게 되면 자신을 비난하거나 파괴하는 행동을 그만두기로 결단하게 될 것입니다. 더 이상 스스로를 비난하거나 부정적인 생각과 고백으로 무너뜨리지 않을 것입니다. 어떤 사람도 하나님이 그분의 형상으로 창조하고 속량하며 의롭게 하기 위해 큰 값을 지불한 그분의 창조물을 파괴하거나 낮게 여길 권리가 없습니다.

하나님의 사랑의 계획

아담과 하와는 하나님과 함께 걷고 대화하며 살도록 창조되어 에덴동산에 살았습니다. 그들은 하나님의 형상으로 지어졌고, 그분과 함께 계획을 세우고 일하며, 그분의 아이디어를 이 땅에 수행할 운명이었습니다.

그때 그들에게 유혹이 왔습니다(창 3:1-6). 그들이 죄를 지어 하나님의 임재 가운데 거할 수 없게 됨으로, 그들은 자신들이 믿고 복종했던 사탄의 종이 되었습니다(창 3:22-24). 그들은 자신들에게 주어졌던 자존감, 존귀함, 가치에 대한 권리를 상실했습니다.

하나님은 그분의 형상으로 창조한 그들을 자신의 곁에 두는 꿈을 잃은 적이 없으십니다. 그러나 그분은 의로우신 분이기 때문에 죄를 눈감아 주실 수는 없었습니다(사 59:1-3). 그분의 법은 가감될 수 없습니다. 범죄하는 혼은 죽으리라(겔 18:4,20). 모든 사람이 죄를 지었으므로 사망이 모든 사람에게 이르렀습니다(롬 5:12).

그러나 완전히 죄가 없는 한 분만이 그들의 대속물로서 죄와 죽음의 입장을 대신할 수 있었습니다. 어떤 죄도 두 번 처벌받을 수는 없기 때문에, 기꺼이 완전히 죄 없으신 대속물에 의해 형벌이 집행되었다면 그 죗값을 치른 것이고, 그러면 죄인은 마치 한 번도 죄를 지은 적이 없는 것처럼 의롭게 되는 것입니다(롬 5:1).

하나님의 아들인 예수 그리스도는 완전하셨습니다(히 5:9). 그분은 죄를 지은 적이 없었습니다(고후 5:21, 히 4:15, 7:26, 벧전 1:19, 2:22). 그분은 이 땅에 오셔서 온 세상의 죄를 짊어지시고 우리의 모든 형벌을 담당하셨습니다(요 1:29, 벧전 2:24, 고후 5:21).

"하나님이 세상을 이처럼 사랑하사 독생자를 주셨으니 이는 그를 믿는 자마다 멸망하지 않고 영생을 얻게 하려 하심이라"(요 3:16).

하나님 앞에서 완전히 의롭다 하심을 받기 위해 우리가 해야 할 일은 온 심령을 다해 예수 그리스도가 우리를 대신해서 죽으셨다는 것을 믿고, 우리가 믿는 바를 다른 사람들에게 고백함으로 그 놀라운 사랑에 응답하는 것입니다(롬 10:9-10). 예수님께서 우리를 위해 하신 일들에 대한 복음Good News을 이해하고, 그것을 심령으로 믿고, 다른 사람들에게 고백한다면 놀라운 기적들이 일어납니다.

"하나님이 죄를 알지도 못하신 이를 우리를 대신하여 죄로 삼으신 것은 우리로 하여금 그 안에서 하나님의 의가 되게 하려 하심이라"(고후 5:21).

예수 그리스도는 당신과 나를 위해 하나님께로 가는 길이 되셨습니다. 그분은 자신의 희생을 통해 우리의 죄에 대한 정죄를 영원히 제거하셨고, 하나님과 우리를 가로막던 벽을 허무셨습니다. 그래서 우리는 다시 그분의 삶의 방식을 누릴 수 있는 하나님의 임재 안으로 돌아올 수 있게 되었습니다(히 10:18-22). 우리는 원래 우리를 창조하신 목적인 하나님의 존귀함과 의로움으로 회복되었습니다. 우리는 한번도 하나님을 벗어나지 않고 죄를 지은 적이 없는 것처럼 **의롭게** 되었습니다.

하나님께로 회복되었습니다

우리의 죄가 하나님으로부터 우리를 분리시켰지만 하나님께서 우리를 너무나도 사랑하셔서 우리가 죄 가운데 죽도록 내버려둘 수 없으셨다는 것을 이해한다면, 예수 그리스도께서 우리를 대신하여 죽으셨다는 것을 믿는다면, 우리 죄에 대해 회개하고 예수님을 구주로 영접하여 그분과 그분의 생명을 받아들였다면, 우리는 새로 태어나고, 구원받고, 속량받은 것입니다. 이런 기적으로 우리는 예수 그리스도 안에서 새로운 피조물이 되었습니다. 그러므로 하나님께서 속량하고 의롭게 하기 위해 큰 값을 지불하신 존재에 대해 절대로 정죄하거나 불신하거나 부정적으로 말해서는 안됩니다.

성경은 하나님의 사랑의 계획을 듣고 나서 그분께 우리의 죄를 고백하며 그분의 사랑의 계획을 받아들인다는 것을 고백해야 한다고 정확하게 가르치고 있습니다. 그러면 그분은 용서해 주시고, 받아주시고, 그분의 권능을 우리 안에 나누어 주심으로 우리를 다시금 자녀 삼아 주십니다. 그러면 우리는 그리스도 예수 안에서 새로운 피조물이 됩니다(행 2:38).

하나님의 용서를 받아들이고 예수 그리스도의 생명을 받아 변화되었다면, 자신에 대해 '약하다, 온전하지 않다, 가치 없다, 죄만 짓는 벌레 같은 존재다'라고 고백하며 살아갈 필요가 없습니다. 그리스도를 영접했다면 하나님의 자녀가 됩니다(요 1:12). 하나님의 가족이 됩니다. 그분의 형상으로 재창조됩니다. 거듭나서 신성에 연결된 자가 됩니다.

새로운 삶을 발견하십시오

예수 그리스도와 복음은 우리에게 새로운 피조물, 새로운 탄생, 새로운 삶, 새로운 본성, 새로운 길에 대한 새롭고 긍정적인 메시지를 가져다 주었습니다. "그런즉 누구든지 그리스도 안에 있으면 새로운 피조물이라 이전 것은 지나갔으니 보라 새 것이 되었도다"(고후 5:17).

새로운 탄생은 기적입니다. 그리스도께 나아올 때 당신은 새롭게 됩니다. 당신은 변화됩니다. 그 변화를 믿으십시오. 그 변화에 대해 생각해 보십시오. 변화를 고백하십시오. 변화에 대해 노래하십시오. 당신이 이미 변화된 것처럼 행동하십시오. 자신을 정죄하는 것을 멈출 때 비로소 다른 사람을 정죄하지 않게 됩니다. 마찬가지로 스스로에 대한 믿음을 가질 때 다른 사람들을 믿을 수 있게 됩니다.

다른 사람들 안에서 자신을 보십시오

미국 서부 평원 지대의 어떤 마을에 한 새로운 이민자 가족이 왔습니다. 그들은 한 농부의 집 옆에 마차를 세우고서 농부에게 물었습니다. "이 주위에는 어떤 사람들이 살고 있나요?" 나이 든 농부가 대답했습니다. "글쎄요, 당신이 살던 곳에는 어떤 사람들이 살고 있었나요?" 그 이민자가 대답했습니다. "오, 끔찍합니다. 거기에는 도둑들, 거짓말쟁이들, 사기꾼들과 부정직한 사람들이 도처에 있었습니다. 사업가들은 사기꾼들 같 았고 공무원들은 더 했어요. 그래서 그 곳을 떠나 새로 살 곳을 찾게 되었죠." 그 말을 들은 농부가 대답했습니다. "그렇군요. 여기에서도 같은 부류의 사람들을 만나게 될 거에요."

다음 날, 또 다른 이민자들이 마을에 도착했고 그 농부에게 말을 걸기 위해 멈춰 섰습니다. 그들 역시 그 마을에 어떤 사람들이 살고 있는지를 물었습니다. 그 나이 든 지혜로운 농부가 물었습니다. "글쎄요, 당신들이 살던 곳에는 어떤 사람들이 살고 있었나요?" 그들이 대답했습니다. "오, 기긴 훌륭한 지역이었어요. 우린 좋은 이웃들과 함께 살았고, 상인들도 존경받을 만한 사람들이었어요. 우리는 서로를 돌보아 주었답니다. 그런 좋은 곳을 떠나기는 쉽지 않았지만, 우리가 가진 좋은 것들을 서부로 가져온다면 위대한 새 나라를 건설하는데 도움을 줄 수 있을 거라고 생각했어요." "그렇군요."라고 농부가 대답했습니다. "당신은 여기서 굉장히 행복하게 살 수 있을 거에요. 당신이 원래 살던 지역의 이웃들 같은 사람들을 이곳에서도 만날 수 있을 거에요."

우리는 **자신** 안에서 보는 것들을 **다른 사람들**에게서 보게 됩니다. 다른 사람을 신뢰하지 않는 사람은 신뢰할 만한 사람이 아닙니다. 자기 자신을 나쁘다고 믿는 사람은 다른 사람도 나쁘다고 믿을 것입니다. 우리가 다른 사람의 정직함을 의심하고 있다면 그것은 자신의 태도를 다시 살펴보아야 한다는 신호와 같습니다.

이러한 사실들을 발견하십시오

하나님이 당신을 그분과 같이 창조하셨다는 것을 깨달으십시오(창 1:27). 하나님의 법이 죄의 삯은 사망이라(롬 6:23)고 되어 있음에도 불구하고, 아담과 하와를 통해 죄가 인류에 들어왔을 때 하나님은 당신이 죄로 인해 죽는 것을 원치 않으셨다는 것을 발견하십시오(벧후 3:9). 그분께서는 당신을 너무나도 사랑하셔서 당신이 죽도록 내버려 두실 수 없었음을 아십시오(요 3:16). 그분께서 당신의 모든 죄에 대한 법적인 형벌, 심판, 정죄를 담당하기 위해 자신의 아들인 예수 그리스도를 보내주셨습니다(고후 5:21).

예수님께서 당신을 대신하여 십자가에서 죽으심으로 당신의 죄에 대한 모든 형벌을 담당하시고 모든 값을 지불하셨기 때문에 당신은 모든 죄와 심판에서 자유롭게 되었음을 발견하십시오(롬 8:32-33). 어떤 죄도 두 번 심판 받을 수 없으며, 어떤 값도 두 번 지불될 수 없습니다. 하나님이 당신을 얼마나 가치 있게 여기고 그분의 생명을 나눠주고 싶어하는지를 증명하기 위해 최고의 값을 지불하셨음을 아십시오(엡 2:13-16, 사 53장).

예수 그리스도의 생명과 피로 당신의 죄는 처벌되었고 채무는 완전히 변제되었기 때문에(계 1:5), 이제 당신은 자유롭고 더 이상 죄가 없다는 것을 깨달으십시오(골 1:20-22, 롬 3:24, 시 34:22). 그리스도께서 당신의 자리를 대신하여 죽으신 것을 믿기만 한다면 말입니다.

당신은 영원토록 죄사함 받았고(행 10:43, 마 26:28) 하나님으로부터 당신을 분리시킬 것이 없으므로(롬 8:38-39), 당신이 예수 그리스도를 고백하고 영접할 때 하나님이 당신의 심령 안에 오시도록 허락하는 것입니다. 아담과 하와가 범죄하기 전에 에덴동산에서 하나님과 함께 걸었던 것처럼(창 3:8) 당신은 그분과 함께 걸을 수 있다는 것(엡 2:13)을 발견하십시오.

그리스도께서 당신 대신 고통받으심으로 당신에게는 어떠한 고통, 심판, 죄, 정죄도 없다는 것을 아십시오(딛 3:5-7, 갈 2:16, 엡 2:8-9). 당신은 하나님 앞에 의롭게 되었습니다(롬 5:1). 한 아이는 이렇게 고백했습니다. "나는 한번도 죄를 지은 적이 없듯이 의롭습니다!(I am just-as-if-I'd never sinned!)"

이러한 사실들을 심령으로 받아들이고 믿으며 예수 그리스도를 당신의 개인적인 구원자와 주님으로 고백하는 순간, 당신은 하나님께서 원래 창조하신 목적대로 하나님의 생명과 같은 종류의 생명으로 구원받고, 마음을 돌이키고, 속량받고, 회복되고, 온전해지고, 위로 올려지고, 축복받고, 받아들여지고, 새로워지고, 재창조되고, 새롭게 태어나게 됩니다(행 2:21, 4:12). 이 모든 것이 성경에서 말하는 구원입니다(살전 5:9, 딤후 2:10, 히 5:9).

그리스도 안에 있는 당신의 존재

이제 당신은 내가 "당신이 그리스도 안에서 진짜 어떤 존재인지 발견한다면, 자신을 정죄하거나 다른 사람을 정죄하는 것을 멈추게 될 것입니다"라고 말한 이유를 이해할 것입니다. 하나님께서 당신을 속량하고 그분의 삶의 방식으로 회복시키기 위해 치른 대가를 안다면 하나님께서 이미 속량하신 것을 정죄하지 않을 것이며 하나님께서 많은 값을 지불하고 높이신 것을 깎아내리지 않을 것입니다.

해외에 있는 우리의 놀라운 영혼구원 단체들은 수천 명의 그리스도인들을 불러 모아 그들을 두 시간씩 하루 세 번 가르칩니다. 우리가 어디서부터 가르치기 시작하는지 아십니까? 우리는 새로운 그리스도인의 삶에 대한 여섯 가지 사실들을 강조하면서 시작합니다.

* 하나님께서 자신에 대해 말씀하신 것이 진짜 하나님의 모습입니다.
* 하나님께서 나에 대해 말씀하신 것이 진짜 나의 모습입니다.
* 하나님은 그분이 소유하고 있다고 말씀하신 것을 실제로 소유하고 계십니다.
* 나는 하나님께서 내가 가지고 있다고 말씀하신 것을 실제로 가지고 있습니다.
* 하나님께서는 그분이 하실 것이라고 말씀하신 일들을 행하실 것입니다.
* 나는 하나님께서 내가 할 수 있다고 말씀하신 것들을 할 수 있습니다.

우리는 참석한 사람들이 위의 여섯 가지 기본적인 사실들을 받아들이게 한 뒤, 새로운 탄생부터 시작하여 우리의 옛 본성이 새로운 예수 생명의 본성으로 바뀌는 기적적인 변화에 집중합니다.

하나님께서 보시는 대로 당신을 바라보십시오

하나님께서 보시는 것처럼 스스로를 바라보아야 한다는 사실을 반드시 강조해야 합니다. 하나님께서 생각하시는 것처럼 스스로에 대해 생각해야 하며, 전통적인 신학을 말하는 대신 하나님께서 우리에 대해 말씀하시는 것을 동일하게 고백해야 합니다.

우리는 매 수업마다 그리스도의 생명 안에 있는 새로운 가능성들에 대한 도전을 가르칩니다. 더 이상 우리에게는 정죄함이 없으며, 오직 믿음과 소망과 사랑만이 있습니다. 우리는 이러한 원리를 가르치며 사람들을 세워주었습니다. 60년 가까운 세월 동안 84개국에서 2만~30만 명에 이르는 사람들이 무리 지어 집회에 참석했습니다. 우리는 복음을 선포합니다. 화를 내듯이 전하는 것이 아니라 기쁨으로 복음을 전합니다.

강단에서 더 이상 언급하지 않더라도 이미 세상은

증오와 편견으로 가득 차 있습니다. 그리스도께서는 절대 사람들을 정죄하기 위해 오지 않으셨고, 오히려 그들을 사랑하고 축복하고 구원하기 위해 오셨습니다 (요 3:17, 눅 19:10). 어떤 사람도 강단이나 사람들 앞에서 그들의 마음에 부정적이고 불쾌한 말들을 넣어주거나, 추악하고 비관적인 단어나 생각들로 그들의 자존감이나 생명에 대한 경외함을 파괴할 권리를 가지고 있지 않습니다.

정죄가 아닌 좋은 소식입니다

예수님은 아무도 정죄하지 않으셨습니다. 심지어 간음한 남녀와(요 8:11) 십자가에 달린 도둑조차 (눅 23:43) 정죄하지 않으셨습니다. 그러므로 그분의 대사인(고후 5:20) 우리도 예수님과 동일하게 행합니다. 그리스도 안에는 정죄함이 아닌 새로운 생명이 있습니다 (요 10:10, 요일 5:12). 그분 안에는 종교에 대한 노예 의식이나 죄의식이 아니라 구원이 있습니다(히 5:9). 그분 안에는 포로됨이 아니라 자유함이 있습니다(눅 4:18).

우리의 메시지는 사람에게 상처를 주지 않고 오히려 그들을 치유합니다. 우리는 그리스도를 제시하며 다른 사람들을 파괴하지 않습니다. 우리는 그들에게 생명, 기쁨, 평안을 줍니다. 우리의 가장 위대한 도전은 이미 믿는 자들을 상처 주는 일 없이 아직 믿지 않는 자들에게 예수 그리스도의 복음을 전하는 것입니다.

기독교는 병적인 것이 아니며 사람을 우울하게 만들지도 않습니다. 기독교는 우리가 이미 속량받았다는 좋은 소식입니다. 이제 누구든지 다시 일어서서 하나님과 함께 걸을 수 있습니다. 반종교적이고 회의적인 사람일지라도 하나님 안에서 무한한 가능성을 가지고 있습니다. 누구든지 그리스도 안에서 새로운 피조물이 될 수 있습니다. 이것이 바로 새로운 종류의 풍성한 삶으로 가는 입구입니다. 당신이 오늘 이 원리를 발견하도록 하나님께서 당신을 인도하셨습니다.

새로운 시작

미국의 한 위대한 기독교 지도자가 예배 때 부르는 오래된 좋은 찬송가 가사들 중 다수를 수정했습니다. 스스로를 정죄하는 가사들이 믿음과 새로운 삶에 대한 가사들로 바뀌었습니다. 고군분투하는 삶에 대한 생각들이 그리스도 안에 있는 승리의 생각들로 바뀌었습니다.

부정적 사고를 쏟아내던 구절들이 긍정적인 태도를 보이는 구절이 되었습니다. 노래는 그대로였지만 그 안의 가사는 회중들이 그들의 인생에 대한 하나님의 계획을 신뢰하도록 그들을 세워주고 격려하며 영감을 주는 단어들로 바뀌었습니다.

아래의 일곱 문장을 당신의 일부가 될 때까지 묵상하고 마음에 새겨 넣기를 바랍니다.

1. 나는 하나님의 형상대로 창조되었습니다.
2. 나는 유일무이한 독특한 존재입니다.
3. 나는 하나님과 다른 사람들에게 있어 무한한 가치를 지닌 사람입니다.
4. 나는 나의 결점들에도 불구하고 사랑받고 있습니다.
5. 나는 속량받았고 주님께 받아들여졌습니다.
6. 나는 영혼들을 향한 그분의 신성한 섬김을 위해 부름받았습니다.
7. 나는 하나님의 왕국의 대사로 임명되었습니다.

내 안에 위대함의 씨앗이 있습니다.

하나님께서는 나를 무의미한 존재로 만들지 않으셨습니다. 그분은 나를 특별한 사람으로 창조하셨습니다.

나는 하나님께서 그분의 형상을 따라 만드시고 귀하게 여기시는 존재를 절대 비하하거나 비난하거나 망가뜨리지 않겠습니다.

4 장

변화를 일으키는 능력을 가지고 있습니다

 카리우키라는 이름의 한 정신이상자가 해외에서 열린 우리의 집회에 참석하게 되었습니다.
 수천 명의 사람들이 그 집회에 참석했습니다. 카리우키는 달리기에 미친 사람으로 알려져 있었습니다. 그의 머리카락과 턱수염은 길고 헝클어져 있었으며, 벼룩이 들끓고 있었습니다. 그의 몸은 더러웠고, 누더기 옷은 그의 몸을 제대로 가려주지 못했습니다. 그는 14년 동안 거의 발가벗고 실성한 것처럼 양팔로 잡동사니를 끌어안고서는 키큐랜드의 언덕들을 가로질러 달렸습니다. 이 마을에서 저 마을로 달리며, 마치 무언가를 고수하는 사람처럼 또 다른 잡동사니들을 필사적으로 주워 모았습니다.
 하나님께서는 그 누구도 비정상적으로 생각하거나

행동하도록 창조하지 않으셨습니다. 또한 그 누구도 수치와 불명예 가운데 살도록 만들지 않으셨습니다.

한 젊은 사역자가 영혼들에게 그리스도를 나누고자 하는 사랑의 마음으로 카리우키에게 다가갔습니다. 그는 카리우키를 자신의 작은 트럭에 태울 수 있는 방법을 생각해냈고, 마침내 그를 집회에 데리고 올 수 있었습니다. 집회에 참석한 사람들의 마음속에 인간의 가치에 대한 말씀을 심고 있던 그 날, 나는 회중 가운데 정신이상자가 있는 줄 몰랐습니다.

진리의 기적적인 능력

진리 안에는 초자연적인 능력이 있습니다. 나는 말이 씨앗이라는 것을 믿습니다. 그 안에는 말하는 것들을 생산하는 능력이 있습니다. 말은 변화를 불러일으키는 능력을 가지고 있습니다. 하나님의 말씀은 그분의 신성하고 기적을 행하는 생명에 의해 능력으로 가득 차 있습니다. 하나님께서는 그분의 말씀의 능력으로 이 세상을 창조하셨습니다. 성경은 주의 말씀은 영원히 있다고 말합니다(벧전 1:25). 그분의 말씀은 우리가 말하거나 가르치거나 선포할 때 언제나 그랬듯 강력한 능력을 가지고 있습니다. 그것이 바로 강력하고 긍정적인 예수 그리스도의 복음을 가르치기 위해 군중 앞에 섰을 때 우리가 믿는 바입니다.

케냐 니에리에서 열린 집회에 카리우키가 참석한 날, 나는 하나님의 형상으로 창조된 존재, 각 사람을 향한 하나님의 본래 목적과 계획, 우리가 죄인이었을 때에도 변함 없던 그분의 사랑, 우리를 속량하기 위해 예수 그리스도께서 지불하신 대가, 복음을 믿고 예수님을 구주로 영접하기 위한 방법에 대해 가르치고 있었습니다. 나는 각 사람의 가치를 강조하며 회중에게 이렇게 말했습니다.

"여러분 한 사람 한 사람은 하나님의 형상으로 아름답고 훌륭하게 창조되었습니다. 여기 있는 개개인은 모두 특별합니다. 당신은 1등급이 아닌 2등급의 사람이 될 필요가 없습니다. 당신은 유일무이합니다. 하나님께서 당신을 그분과 같이 만드셨고, 특별한 목적을 주셨습니다. 그 목적은 너무나 특별해서 이 땅에 있는 어느 누구도 당신이 이 땅에서 해야 할 일을 대신할 수 없습니다."

이러한 말씀의 씨앗들은 능력을 가지고 있었습니다. 예수님의 말씀의 능력에 대한 주목할 만한 진술이 성경에 기록되어 있습니다.

"하루는 가르치실 때에 병을 고치는 주의 능력이 예수와 함께 하더라"(눅 5:17).

그것이 바로 집회에 참석한 카리우키에게 일어났던 일입니다.

모든 사람은 소중하고 특별합니다

우리는 지금 이 책에서 당신과 나누고 있는 것들의 핵심 내용을 사람들에게 가르치고 있었습니다. 하나님께서는 그 누구도 실패하거나 가난하거나 아프거나 수치 당하도록 만들지 않으셨다는 것을 강조했습니다. 하나님의 눈에는 모든 사람이 소중하고 특별합니다.

나는 청중들에게 그들 각 사람이 하나님의 특별한 창조물이라는 사실을 진심으로 받아들이기를 강력하게 권면했습니다. 또한 하나님과 협력함으로 누구든지 예수 그리스도를 믿고 영접하는 것을 통해 새로운 삶을 발견할 수 있다는 것을 믿기를 권면했습니다.

초자연적인 방식으로 진리의 씨앗이 카리우키의 심령에 스며 들어갔고 그의 마음은 치유되었습니다. 하나님의 사랑이 깃든 긍휼과 능력이 그를 정상적인 상태로 회복시키는 그 영광스러운 순간, 그의 삶은 변화되었습니다. 카리우키는 잡동사니를 한가득 껴안은 채로 그를 데려온 사람 옆에 서 있었습니다. 우리는 집회에 그러한 정신이상자가 참석했다는 사실을 전혀 모른 채 말씀을 전하고 있었습니다.

하나님 말씀의 치유 능력

지난 60년간 84개국에서 진행된 대규모의 전도집회에서 우리는 위대한 기적들을 목격했으며, 그 어떤 부부보다도 더 많은 기적을 목격하는 특권을 누렸습니다. 대부분의 기적들은 우리가 말씀을 전하거나 기도할 때 군중 사이에서 일어났기 때문에, 기적이 일어난 순간에는 어떤 일이 벌어지고 있는지 모르는 경우가 많았습니다.

카리우키는 우리가 설교하고 기도하던 그 날, 그곳에서 말씀을 듣고 있었습니다. 하나님의 사랑 안에서 수많은 사람들의 심령을 적신 주님의 영이 내가 설명할 수 없는 방식으로 카리우키에게 임했습니다. 곧바로 귀신들이 그에게서 떠나갔습니다. 그는 심신이 건강해졌으며 정상적인 상태가 되었습니다.

그는 자신을 집회에 데려온 사람에게 물었습니다. "제가 이 잡동사니들을 껴안고 뭐하고 있나요?" 그 젊은 사역자는 카리우키가 무안하지 않게 행동하며 그가 잡동사니들을 버릴 수 있도록 도와주었습니다. 젊은 사역자는 카리우키가 치유된 것을 깨닫고는 회중들이 하나님께서 행하신 놀라운 일을 알 수 있도록 그를 강단으로 데려갔습니다.

카리우키는 강단에 서게 되었고, 그의 옷은 너무나 헤지고 더러워서 그의 몸을 제대로 가려주지 못했습니다. 그는 거칠고 사나워 보였습니다. 그의 머리는 길고 헝클어져 있었으며 벼룩이 득실거렸습니다. 그의 턱수염도 길었습니다. 온몸은 끔찍한 악취를 내뿜고 있었습니다. 그러나 그의 눈을 바라보았을 때, 나는 주님께서 그를 방문하셨다는 것을 알 수 있었습니다. 그것은 너무나도 명백했습니다. 그의 어깨를 잡고 쳐다보며 이렇게 말했습니다. "카리우키, 당신은 아름다워 보입니다." 그 말은 카리우키를 세워주었습니다.

좋은 씨앗은 좋은 열매를 맺습니다

"카리우키, 당신은 나의 형제입니다. 당신의 아버지와 나의 아버지가 같은 분이라는 것을 알고 있나요? 우리는 하나에요." 나는 그를 끌어당겨 안고 나서 다시 한번 그를 보았습니다. "카리우키, 난 당신이 자랑스러워요. 당신은 성공할 거에요. 하나님 아버지께서 당신을 만드셨어요. 그분은 당신을 향한 계획을 갖고 계시고, 당신보다 그 계획을 더 잘 수행할 사람은 없어요." 나는 다시 한번 그를 끌어안았습니다.

그러자 그는 정신착란 상태의 미치광이로 살아온 17년 동안의 공포와, 내가 복음을 전할 때 어떻게 예수님께서 그에게 오셔서 치유하셨는지, 그리고 수년간 그의 인생을 파괴해온 끔찍한 정신적 압박으로부터 자유케 되어 얼마나 놀랍고 평안한지에 대해 아름다운 간증을 나눠주었습니다.

간증이 마무리된 후 나는 사역자들에게 말했습니다. "그를 데리고 가서 목욕을 시켜 주세요. 그를 소독해주시고, 긴 머리와 턱수염도 잘 깎아주세요. 그에게 새로운 신발과 옷을 사주시고 아름다운 넥타이도 하나 매게 해주세요. 그에게 성경을 주시고 내일 다시 데리고 오세요. 하나님께서 어떤 일을 행하셨는지 많은 회중들이 봐야 합니다."

다음 날, 카리우키는 강단 위에 앉아있었습니다. 사람들은 아마 그를 설교자들 중 한 사람으로 생각했을 것입니다. 사실 그는 남은 집회 기간 내내 단 하루도 빠지지 않고 그곳에 앉아있었습니다. 매일 저녁설교를 시작하기 전, 나는 그에게 성경구절을 읽어달라고 요청했습니다. 그가 성경을 읽을 때 회중들은 하나님께서 자신들의 마을에 행하신 기적에 거듭 놀라워했습니다. 모든 사람이 매일 뛰어다니는 미치광이 카리우키를 알고 있었습니다. 그가 정상적이고, 온전하고, 건강하고, 행복한 모습을 볼 때마다 사람들은 하나님께서 행하신 기적에 압도되었습니다.

성경은 말합니다. 예수님께서 이 땅에 계실 때는 그분이 행하시는 표적을 보고 사람들이 그분의 이름을 믿었습니다(요 2:23).

"큰 무리가 따르니 이는 병자들에게 행하시는 표적을 보았음이라"(요 6:2).

니에리에서도 마찬가지였습니다. 그리스도께서 복음의 능력으로 행하신 놀라운 기적들을 보고 수 천 명의 사람들이 주님께 돌아왔습니다. 카리우키는 완벽하게 정상이었습니다. 그는 깨끗하고 단정했으며 매일 자신의 양복을 입고 왔습니다. 매일 집회에 참석하여 말씀을 듣고 배우며 그는 안정적인 신사의 모습으로 변모되어 갔습니다.

지금 당신의 기적을 시작하십시오

   지금 당신과 이 책을 통해 나누는 진리의 능력이 그를 반쯤 나체로 달리던 야생적인 사람에서 단정히 잘 차려입은 그리스도인 신사가 되게 하였습니다. 그는 좋은 일자리를 찾았고 그가 속한 지역사회에 좋은 영향력을 미쳤습니다. 그는 공허함에서 벗어나 의미 있는 삶을 살게 된 본보기입니다. 그는 하나님의 경이로운 피조물인 자신의 가치를 발견했습니다.

나는 가치 있는 자입니다. 왜냐하면 나는 하나님과 같은 존재로 창조되었기 때문입니다.

나는 중요한 자입니다. 왜냐하면 하나님의 계획에는 내가 포함되어 있기 때문입니다.

5 장

당신은 있는 그대로 귀한 존재입니다

술병을 쥐고 시궁창에 드러누워 있던 주정뱅이가 거리에서 복음을 전하고 있던 한 그리스도인에게 관심을 갖게 되었습니다. 그 전도자는 삶의 중요성에 대해 강조했고, 사람들이 하나님의 형상으로 창조된 존재로서 자신들의 존귀함을 깨닫도록 노력하고 있었습니다.

그는 개개인의 구원을 위해 하나님께서 치르신 대가를 강조했습니다. 하나님께서는 우리를 너무나 사랑하셔서 우리를 속량하기 위해 그의 아들 예수 그리스도가 우리를 대신해서 죽도록 내어 주셨습니다.

그 주정뱅이는 하나님께서 자신을 그토록 귀하게 여기신다는 것에 감동을 받았습니다. 그는 한번도 자신의 인생이 하나님께 귀하다는 것을 생각해 본 적이 없었습니다.

하나님은 사람들의 모습 그대로를 귀하게 여기십니다

그 거리 전도자가 말을 마치자, 주정뱅이는 큰 소리로 외쳤습니다. "선생님, 저는 구원받고 싶습니다. 그러나 저는 지금 술에 취했어요. 저는 나쁜 사람이에요." 전도자가 대답했습니다. "친구여, 하나님께서는 당신을 있는 그대로 사랑하십니다. 그분은 당신을 그분과 같이 창조하셨습니다. 그분은 이미 당신을 구원하기 위한 값을 치르셨습니다. 당신이 예수 그리스도께서 당신을 대신해 죽으셨다는 것을 믿는다면, 하나님께서는 당신을 절대 대적하지 않으십니다. 그분께서는 당신을 있는 그대로 귀하게 여기십니다. 예수님께서 당신의 구원을 위한 값을 지불하셨습니다. 그분과 당신을 향한 그분의 사랑을 받아들이세요."

"네, 저는 믿어요, 믿어요." 술 취한 남자가 눈물을 흘리며 말했습니다. 그리고 그는 변화되었습니다. 그가 술에 취해 있는 상태임에도 예수님께서는 그의 삶에 오셔서 그를 구원하시고 변화시켜 주셨습니다. 그는 더 이상 술에 끌리지 않았습니다. 그는 그리스도를 따르는 자가 되었고 생산적인 삶으로 회복되었습니다.

하나님이 당신을 보시는 것처럼 스스로를 바라보십시오

  자신이 하나님께 귀한 존재라는 것을 깨달을 때 기적이 시작되었습니다. 자신의 가치를 받아들여야 하나님이 다른 사람을 얼마나 귀하게 여기는지 받아들일 수 있습니다.

  하나님께서 당신을 얼마나 귀하게 여기시는지와 그분의 형상대로 당신을 어떻게 창조하셨는지 깨닫게 된다면, 당신이 하나님의 자녀로서 행복, 평안, 성공, 풍성함을 삶에서 누리기에 충분한 자격을 가졌다는 사실을 받아들이게 됩니다.

  세상의 그 누구도 당신을 모자라거나, 쓸모 없거나, 자격이 없다고 느끼게 할 수 없습니다.

바텐더, 오늘 계산은 내가 합니다

  나의 한 친구는 웨스트 코스트에 위치하고 있는 영혼 구원에 열정적인 큰 규모의 교회 목사입니다. 그는 나이트클럽 바에서 술을 마시던 중에 영접하게 되었고 복음을 전하는 자로 부르심을 받았습니다. 그때 그 친구는 자신을 향한 하나님의 사랑과 어떻게 하나님께서 자신을 그분처럼 가치 있게 여기시는지에 대해 생각하고 있었습니다. 그가 바에 서 있었을 때 하나님의 영이 갑자기 그를 방문했습니다. 그는 하나님께서 그토록 많은 값을 지불하시고 구원한 자신을 파괴하는 일을 멈추기로 결심했습니다.

나이트클럽에서 그는 머리를 숙이고 기도했습니다. 그의 죄를 고백하고 예수 그리스도와 그분의 사랑을 받아들였습니다. 바에 몸을 기댄 채로 큰 소리로 울며 예수님을 그의 구주로 영접했습니다. 그는 울면서 주님께 자신의 인생을 다른 사람들에게 그분의 사랑과 기적의 능력을 전하는데 헌신하겠다고 말씀드렸습니다.

그러고 나서 고개를 들자, 어두침침한 그 나이트클럽이 천국처럼 보였습니다. 그분의 기쁨과 평안이 너무나도 강력해서 그는 자신의 거듭남을 축하하고 싶었습니다. 그래서 바에 있던 사람들에게 무의식적으로 이렇게 외쳤습니다.

"여러분, 들어보세요. 예수 그리스도께서 오늘 바로 이 곳에서 저를 구원해 주셨습니다. 그리고 저는 그분께 제 삶을 다른 사람들에게 그분의 사랑과 능력을 전하는 데 드리겠다고 약속했습니다. 이것은 축하할 일입니다.

바텐더, 제가 여기 있는 분들에게 한턱 쏘겠습니다. 술값은 제가 다 계산하죠."

특이한 새로운 시작

그의 간증은 일반적인 일은 아니었지만 나는 그가 신실한 사람이라는 것을 믿습니다. 그날부터 그는 술 마시며 흥청망청하던 삶을 끝내고 사역을 위한 훈련에 돌입했습니다. 그는 뛰어나고 성공적인 목사이자 기독교 지도자가 되었습니다.

하나님께서 당신을 귀하게 여기신다는 것과 당신을 너무나도 사랑하셔서 당신을 위해 최고의 값을 지불하셨다는 것을 발견한다면, 진정한 행복, 평안, 성공, 풍성함으로 가는 문을 여는 원리를 발견하게 됩니다.

예수님께서 말씀하셨습니다. "내 손을 보아라. 내가 예수이니라."

그 힌두교 청년은 하나님께서 자신을 얼마나 귀하게 여기시는지를 알려주는 증거를 보았습니다.

나를 위해 치뤄진 값이 하나님께 내가 얼마나 가치 있는 존재인지를 증명합니다.

6 장

사랑이 당신의 가치를 증명했습니다

당신과 당신의 삶에 관해 하나님의 관점과 태도를 갖게 되는 것은 대단한 일입니다. 하나님께서 우리에 대해 말씀하신 신약성경 구절들 중 몇 가지를 보여드리겠습니다.

"그러므로 우리가 믿음으로 의롭다 하심을 받았으니 우리 주 예수 그리스도로 말미암아 하나님과 화평을 누리자"

"또한 그로 말미암아 우리가 믿음으로 서 있는 이 은혜에 들어감을 얻었으며 하나님의 영광을 바라고 즐거워하느니라"

"소망이 우리를 부끄럽게 하지 아니함은 우리에게 주신 성령으로 말미암아 하나님의 사랑이 우리 마음에 부은 바 됨이니"

"그뿐 아니라 이제 우리로 화목하게 하신 우리 주

예수 그리스도로 말미암아 하나님 안에서 또한 즐거워 하느니라"(롬 5:1, 2, 5, 11).

아래 세 문장을 기억하십시오.

* 그분은 우리를 가장 높은 이 특권의 자리로 데려오셨습니다.
* 하나님께서 우리의 미래에 대해 갖고 계신 생각들이 실제로 이루어지는 것을 즐거운 마음으로 기대합니다.
* 우리를 하나님의 친구가 되게 한 이 놀랍고 새로운 관계 안에서 기뻐합니다.

하나님께서 어느 시골 사람을 귀하게 여기셨습니다

끔찍한 장기 파열을 당한 절름발이 시골 사람 한 명이 우리 집회에 참석했습니다. 그는 첫 날 저녁집회에서 하나님께서 그를 너무나 귀히 여기셔서 그를 구원하기 위해 그분의 아들을 주셨다는 것을 알게 되었습니다. 그는 복음을 받아들였고, 예수님께서는 그를 즉각적으로 완전히 치유해 주셨습니다.

다음 날, 그는 자신의 딸을 집회에 데려왔습니다. 그녀는 소아마비로 불구가 되어 걷지 못했습니다. 그녀도 복음을 듣고는 마찬가지로 주님을 믿고 구원받았으며, 자신의 아버지가 치유받았던 것처럼 기적적으로 치유되었습니다. 그녀는 다른 사람들처럼 걷고, 뛰고, 점프하는 것이 가능해졌습니다.

그는 정신이 온전하지 못한 자신의 누이도 집회에 데려왔습니다. 그녀는 완전히 미쳐서 위험한 상태였기 때문에 사나운 짐승 마냥 나무에 사슬로 묶여 있어야 했습니다. 네 명의 남자들이 그녀를 집회에 데려올 수 있도록 도와주었습니다. 그들은 그녀를 붙들고 집회 내내 조용히 있도록 도와주었습니다. 우리가 말씀을 가르치는 동안 병을 고치는 주님의 능력이 나타났습니다(눅 5:17). 그리스도의 능력과 임재로 그녀의 마음을 지배하고 있던 악한 영들이 떠나가고, 그녀는 완전히 치유되고 회복되었습니다.

이 놀라운 기적들은 하나님 말씀의 약속을 믿는 믿음을 통하여 일어났습니다. 그들은 하나님께서 그들을 귀하게 여기시고 그들을 구원하기 위해 값을 지불하셨음을 발견했습니다. 하나님께서는 그들을 사랑하셨으며, 그들에게 오셔서 함께 살길 원하셨습니다.

하나님의 가치의 원리

이것은 그 시골 사람에게 하나님에 대한 믿음을 주었

던 메시지입니다. 지금까지는 어떤 사람도 그에게 가난한 아프리카 시골 사람도 하나님께 가치 있는 존재라고 말해주지 않았습니다. 어떤 사람도 몸이 마비되어 더 이상 손쓸 수 없는 그의 딸이 하나님의 계획에 없어서는 안 될 중요한 존재라는 것을 말해주지 않았습니다. 어떤 사람도 야생동물처럼 입에 거품을 물고 날카로운 비명을 지르는 그의 온전치 못한 누이가 하나님에게는 너무나 소중해서 그녀를 그분의 삶의 방식으로 살도록 회복시키기 위해 값을 지불하셨다는 것을 말해주지 않았습니다.

이것은 그리스도와 그분의 사랑에 대한 새롭고 강력한 믿음으로 가는 문을 열어주었던 원리입니다. 그 아프리카 시골 사람은 우리가 말씀을 가르칠 때 진리들을 발견함으로 믿음을 받았습니다. 그 발견이 믿음으로 주를 부르게 했습니다. 그래서 온 가족이 축복받고, 하나님과 화평을 회복하고, 새롭게 활기 넘치는 신체의 건강도 갖게 되었습니다. 하나님께서 매기신 당신의 가치와 당신을 향한 그분의 강력한 사랑의 원리를 발견한다면, 믿음으로 하나님께 요청할 수 있고 당신이 필요로 하는 기적이 이루어지는 것을 보게 됩니다.

내 손을 보아라! 나는 예수다!

인도에서 열렸던 집회 장소의 뒤쪽에서, 한 대학생이 끓어오르는 분노와 함께 팔짱을 끼고 서 있었습니다. 그는 어떻게 하면 이 외국인 설교자들을 마을에서 쫓아내어 그들이 더 이상 마을 사람들에게 영향을 끼치지 않게 할지 궁리하고 있었습니다.

그러나 우리가 예수님에 대해 설교하고 나서 기도할 때, 주님께서 정치적 신념을 가진 그 젊은 청년에게 나타나셨습니다. 예수님은 그 젊은 청년의 눈을 똑바로 쳐다보시면서 자신의 못 박힌 손을 보여주며 말씀하셨습니다. "내 손을 보아라! 내가 예수니라!" 그리고 부드러운 미소와 긍휼의 눈빛을 하시며 사라지셨습니다.

젊은 청년은 울먹이면서 무릎을 꿇고 예수 그리스도를 주님으로 영접했습니다. 그런 후에 전체 회중 앞에서 자신에게 방금 일어났던 일을 나누었습니다. 그러자 수백 명의 사람들이 주님을 영접했습니다. 그는 주님을 만났고 그의 삶은 영원히 변화되었으며, 하나님께서 자신을 얼마나 귀하게 여기시는지 증명하기 위해 지불했던 값을 깨달았습니다.

84개국을 돌며 수많은 사람들 앞에서 복음을 전하면

서 모하메드, 부처, 공자, 그 외의 다른 몇 명의 종교 창시자들의 교리와 가르침들에 대해 몇 가지 알게 되었습니다. 자신을 따르는 자들을 위해 죽은 분은 오직 예수님뿐입니다. 그분은 자신의 생명을 내려놓을 만큼 그들을 사랑하셨던 **유일한** 분이십니다. 그분은 자신을 믿는 사람들 안에 살기 위해 또 그들을 통하여 사랑의 사역을 하기 위해 죽음에서 일어나 살아 돌아오신 **유일한** 분이십니다. 예수님께서는 무덤에서 되살아나셨을 때 자신의 고통이나 그들을 향한 사랑에 대해 설교하지 않으셨습니다. 단지 손의 못 자국과 옆구리의 상처를 보여주셨습니다.

못 자국은 그분의 사랑을 증명했습니다

그분의 메시지는 이것이었습니다. "너희에게 평강이 있을지어다 … 내 손과 발을 보고 나인 줄 알라 … 이 말씀을 하시고 손과 발을 보이시니"(눅 24:36, 39-40) 인도에서 열렸던 우리 집회에 참석한 그 힌두교 청년에게도 주님은 동일한 일을 행하셨습니다. 자신의 손을 펴시며 이렇게 말씀하셨습니다. "나의 손을 보아라. 내가 예수다." 못 자국은 그분의 사랑의 증거였습니다. 예수 그리스도는 양손에 못 자국을 가진 유일한 분이십니다. 공자나 모하메드나 부처는 그런 못 자국을 가지고 있지 않습니다. 예수님은 하나님께서 당신과 나를 얼마나 존귀하게 여기시는지 증거하는 영원한 상처를 지니고 계십니다.

   그것이 하나님과 함께 하는 당신의 새로운 인생으로 들어가는 문을 열어주는 진리의 본질입니다. 그분은 당신을 귀하게 여기십니다. 만일 당신이 이 진리에 대해 의구심이 생긴다면 그분의 상처를 기억하시기 바랍니다. 그 상처는 그분이 당신에게 어떤 가치를 두고 계신지를 보여줍니다. 그분은 당신을 사랑하시고 그 사랑을 증거하셨습니다. 당신은 그분의 사랑을 신뢰할 수 있습니다.

하나님께서 바라보시는 대로 나 자신을 볼 수 있다면, 나는 그렇게 될 것입니다.

하나님께서 존중하시는 것을 나도 존중하고, 하나님께서 가치 있게 여기시는 것을 나도 가치 있게 여기는 것이 합당합니다.

나는 하나님께서 나에게 부여하신 가치를 받아들입니다.

7 장

진정한 자존감을 가지십시오

하나님의 형상으로 창조된 당신은 하나님과 같은 종류의 존재입니다.

한 예술가는 좁은 길에 앉아있던 거지에게 눈길이 닿았습니다. 통찰력이 있던 그 예술가는 모든 인간을 지으신 하나님의 손길을 생각하며 그 거지의 미래를 상상하고 그림으로 표현했습니다. 그림을 완성한 후, 그는 거지를 불러 그림을 보도록 했습니다.

"이게 저인가요?" 하고 그 거지가 물었습니다. "네, 제가 바라보는 당신 안의 모습입니다."라고 예술가가 답했습니다. 그 거지는 "그림에 있는 남자가 당신이 바라본 제 안의 모습이라면, 그 남자는 제가 장차 되어야 할 사람이군요!"라며 새로운 목적을 가득 담은 눈으로 대답했습니다.

하나님이 귀하게 여기시는 것을 귀하게 여기십시오

하나님께서 부여하신 당신의 가치는 좋은 부모님으로부터 받은 특별한 유전자에 의해 결정되지 않습니다. 하나님 앞에서의 당신의 가치는 당신이 갖고 있는 자질, 피부색, 뛰어난 지능, 정규 교육 과정에 의해 측정되지 않습니다. 하나님께서 창조하신 당신은 그분의 자녀입니다. 하나님께서 귀하게 생각하시는 것을 귀하게 여기고, 그분이 가치 있게 여기시는 것을 가치 있게 여기는 것이 옳습니다. 당신의 진정한 가치와 잠재력을 발견하고 받아들일 때 모든 종류의 기적들이 일어나기 시작합니다. 성경은 말씀합니다. "우리는 하나님의 작품이니" (엡 2:10).

하나님의 형상으로 창조되었습니다

시편 대부분을 쓴 사람은 하나님께서 인간을 만드신 것에 대해 경이로움을 느꼈습니다.

"주께서 그를 천사들보다 조금 낮게(히브리어 : 하나님보다 조금 낮게) 지으셨으며 영화와 존귀로 그에게 관을 씌우셨나이다. 주께서는 그로 하여금 주의 손으로 지으신 작품들을 다스리게 하셨으며, 만물을 그의 발 아래 두셨으니"(시 8:5-6).

긍정적이고 견고한 자존감은 당신이 "나는 하나님께서 부여해 주신 가치를 받아들인다"고 고백할 때 갖게 됩니다. 그렇게 고백할 때, 이 땅에서 최고의 당신의 모습으로 발전해가도록 하나님과 함께 동역하게 됩니다.

스스로를 귀하게 여기는 것의 가치

자기 자신을 귀하게 여기는 태도는 당신의 모든 질투심을 제거합니다. 다시는 다른 사람처럼 되고 싶어하지 않기 때문입니다. 그것은 모든 열등감을 완전히 제거해 버립니다. 당신은 하나님과 같은 수준의 존재이며, 당신 안에 있는 그분은 세상의 어떤 사람이나 능력보다도 크신 분이시기 때문입니다(요일 4:4).

자기 자신을 귀하게 여기는 태도는 실패나 패배에 대한 두려움을 제거합니다. 그 어떤 것도 당신과 하나님이 함께 일하는 것을 막을 수 없기 때문입니다.

자기 자신을 귀하게 여기는 태도는 당신에게 용기를 줍니다. 당신 안에서 일하고 계신 하나님과 함께라면 당신은 패배할 수 없기 때문입니다.

자기 자신을 귀하게 여기는 태도는 당신을 똑바로 서서 어깨를 펴게 하고, 새로운 자신감으로 미래를 바라보게 하며, 꾸준히 전진하게 하고, 하나님이 당신을 창조한 수준으로 올라오게 합니다.

나는 아름답습니다.

하나님께서는 나를 향한 계획을 가지고 계시며, 나보다 그 계획을 더 잘 수행할 사람은 없습니다.

하나님께서는 나를 믿으시고 신뢰하십니다.

나는 고귀한 하나님 왕가의 일원입니다.

어떤 누구도 하나님과 내가 함께 하는 것을 막을 수 없습니다.

우리는 다른 영혼들을 세워주는 자들입니다.

8장

지금 모습 그대로
사랑받고 있습니다

 당신은 중요한 존재입니다. 당신은 사랑받고 있으며 소중합니다. 하나님께서 당신을 믿으십니다. 당신은 그분의 계획의 일부분입니다. 당신은 특별하고 하나님께서 소유하고 계신 유일무이한 존재입니다.

 이 사실들이 실제로 믿어질 때까지 이것들에 대해 말하고, 생각하고, 기도하고, 노래하십시오. 그렇게 할 때 당신은 대단한 사람이 됩니다. 거듭난 사람이 이 사실들을 구원의 기적이 일어나자마자 들을 수 있다면 얼마나 좋겠습니까! 어린 아이들의 4~5세 시기에 그들에게 심겨진 말과 생각이 평생의 삶의 방식과 태도를 형성하는 것처럼 말입니다.

새신자에게 씨앗을 심으십시오

정신적으로 온전하지 않았던 카리우키가 니에리에서 열린 우리의 집회에서 치유받고 구원받았을 때, 그가 첫 번째로 들었던 말들은 아래와 같았습니다.

"카리우키, 당신은 아름답습니다. 당신은 하나님과 사람들에게 귀한 존재입니다. 하나님께서는 당신을 위한 계획을 가지고 계시고, 그 계획을 당신보다 더 잘 수행할 사람은 이 땅에 없습니다. 하나님의 계획은 당신에게 달려 있습니다. 당신은 나의 형제입니다. 나의 아버지는 당신의 아버지입니다. 하나님은 나를 위해 치르신 값만큼 당신을 위해서도 치르셨습니다. 당신은 대단합니다. 카리우키! 당신은 하나님의 가족 중 한 명입니다. 하나님께서 당신과 함께 계십니다. 당신은 성공할 운명으로 태어났습니다. 그 누구도 당신과 하나님을 이길 수 없습니다. 카리우키, 당신은 사랑받고 있습니다. 당신은 훌륭합니다."

이 말들이 카리우키의 삶을 세웠습니다. 그는 바로 밖으로 나가서 사람들에게 그리스도를 전하기 시작했습니다. 그는 일자리를 찾았고 생산적인 사람이 되었습니다. 그는 영혼들을 사랑했으며 그들에게 그리스도를 증거했습니다. 하나님께 자신이 얼마나 중요한 존재인지 믿었습니다. 자신의 성공을 믿었습니다. 그리스도와 함께 하는 그의 새로운 인생의 시작부터 그는 승리자였습니다.

어떤 사람도 그에게 이렇게 말하지 않았습니다. "카리우키, 이제부터 조심하세요. 당신은 은혜로 구원받은 죄인일 뿐입니다. 당신은 별 가치 없는 벌레와 같습니다. 조심하지 않는다면 당신은 시험에 빠지게 되고 구원을 잃어버릴 수도 있습니다. 사단은 정말 강하고 당신을 속이려 든다는 걸 반드시 기억해야 합니다. 하나님께서 당신을 시험하시고 만약 죄를 지으면 당신을 버리실 것입니다. 그분은 당신을 심판하기 위해 재앙을 주십니다. 당신은 무가치합니다. 당신은 약합니다. 당신은 그리스도 안에서 갓난아이일 뿐입니다. 반드시 자기 자신을 낮추며 행동해야 합니다. 또한 당신에게 겸손함을 가르치기 위한 삶의 문제들이 있다는 것을 알아야 합니다."

카리우키는 예수님께서 그의 안에 거하시고 그를 통해 사역하고 자신을 증거하기 위해 오셨다는 것을 믿었습니다. 그는 예수님이 그의 단 하나뿐인 주님이심을 믿었습니다. 하나님이 그를 귀하게 여기시고 사랑하심을 믿었습니다. 자신이 하나님께 중요한 사람이라는 것을 믿었습니다. 그가 다른 영혼들을 사랑하며 그리스도께서 그들의 회복을 위해 어떤 값을 치르셨는지 알도록 도왔고 카리우키의 삶은 사람들에게 좋은 본이 되었습니다.

하나님의 계획 안에서 귀한 존재입니다

하나님께서 당신을 위해서도 엄청난 값을 지불하셨고, 그 값은 독생자 예수 그리스도의 피와 생명이었습니다. 그분은 별 의미 없는 누군가를 위해 큰 값을 치른 것이 아닙니다. 그분은 오직 소중한 한 사람을 위해 엄청난 값을 지불했습니다.

당신은 과거의 삶 때문에 자신을 하나님의 축복을 받기에 합당하지 않은 자로 여기고 있을 수도 있습니다. 그러나 기억하십시오. 예수 그리스도께서 죄인들을 구원하기 위해 죽으셨습니다.

하나님의 용서는 잘못을 저지른 사람들을 위한 것입니다. 하나님의 속량은 잃어버린 자들을 위한 것입니다. 예수님은 당신의 지금 모습 그대로 환영하시고 사랑하십니다.

하나님께서 당신을 위해 지불하신 값을 생각한다면 이렇게 말할 수 있습니다. "나는 중요한 존재임이 틀림없다. 나는 가치 있는 존재이다." 당신을 먼저 사랑하신 하나님을 사랑하는 것은 당신으로 하여금 다른 사람들을 사랑하게 만듭니다. 하나님을 사랑하고 다른 영혼들을 사랑할 때, 하나님께서 당신 안에서 일하십니다.

성경은 말합니다. "내게 능력 주시는 자 안에서 내가 모든 것을 할 수 있느니라"(빌 4:13). 당신 안에 있는 그분의 능력은 당신 안에서 역사하고 있는 그분의 사랑입니다. 그 사랑은 세상에서 가장 위대한 능력입니다. "너희 안에서 행하시는 이는 하나님이시니 자기의 기쁘신 뜻을 위하여 너희에게 소원을 두고 행하게 하시나니"(빌 2:13).

스스로를 귀하게 여길 때

자신에 대해 하나님의 관점으로 보게 되면 당신은 더 이상 하나님께서 창조하신 경이로운 존재를 파괴하고 싶지 않아집니다. 당신은 자신의 몸, 마음, 폐, 여러 장기들, 피, 심장을 소중히 여기게 됩니다. 먼저 하나님께서 당신을 받아들이셨고, 이제 당신이 스스로를 받아들인다면 다른 사람들 역시 받아들일 수 있습니다.

당신이 그분을 위해 말할 때 듣는 사람들에게 구원이 옵니다. 당신이 그분께 기도 드릴 때 놀라운 변화들이 일어나기 시작합니다. 당신이 아픈 사람들에게 손을 얹을 때 그분의 경이로운 능력이 그들을 치료합니다.

당신의 몸은 그분의 성전이 되었습니다. 당신은 그분을 대신하여 행할 수 있는 권리를 부여 받았습니다. 당신은 사람들을 축복하고, 치유하고, 도와주고, 세워주기 위한 하나님의 계획의 한 부분이 되었습니다.

하나님께서 귀하게 여기시는 것을 똑같이 귀하게 여기는 것이 죄입니까? 하나님께서 높이시는 것을 낮출 권리를 가지고 있는 사람이 있습니까?

당신이 하나님을 대신하고 있다는 것을 깨달을 때, 당신의 가치관과 사회를 바라보는 관점이 달라집니다. 하나님이 당신 안에 있다는 것을 인식하십시오. 그분은 당신을 통해 살아가십니다. 스스로를 귀히 여기고, 사랑하고, 세우지 않는다면 다른 이들을 귀하게 여기고, 사랑하고, 세워줄 수 없습니다.

하나님께서 창조하신 것은 모두 훌륭합니다

"만물이 그로 말미암아 지은 바 되었으니 지은 것이 하나도 그가 없이는 된 것이 없느니라"(요 1:3).

만물에는 당신이 포함됩니다. 하나님께서 당신을 창조하셨습니다. 하나님께서 창조하신 것을 귀하게 여기십시오. 그분의 창조물은 완벽하기 때문입니다.

하나님께서 당신을 위해 예비하신 삶을 살지 않는 것은 낭비하는 것입니다. 모든 겉치레를 벗어 던지십시오. 당신의 직함, 직업, 명성을 치워 버리십시오. 자신의 깊은 내면을 들여다보고 하나님처럼 창조된 모습을 바라보십시오.

자신을 귀하게 여기고 하나님께서 당신 안에서, 당신을 통해서 그분을 나타내시게 하십시오. 그럴 때 당신은 하나님의 행하심이 되며 하나님께서는 당신을 통해 살게 됩니다.

이렇게 고백하십시오. "나는 하나님을 대신해서 이곳에 있습니다. 나는 하나님께서 내 안에서 나를 통해 살아가시도록 창조되었습니다. 하나님과 나는 함께 일합니다. 우리는 함께 살아갑니다. 우리는 승리자입니다. 우리는 다른 사람들을 세워줍니다."

그리스도는 나를 통해서만 상처받은 사람들에게 다가갈 수 있습니다.

그분은 내 손 외에는 갖고 있는 손이 없습니다.

이것이 하나님께서 나를 귀하게 여기시는 이유이며, 내가 그분의 사랑의 계획에 중요한 이유입니다.

9장

하나님은 당신과 나를 통해 일하십니다

제2차 세계 대전이 일어난 시기에 프랑스에 있는 한 아름다운 예수님의 동상이 심하게 훼손되었습니다. 마을 사람들은 동상이 놓였던 그 교회를 사랑했기 때문에 부서진 동상 조각들을 모아서 보수 작업을 했습니다. 보수한 흔적과 부서져 금이 간 흔적들마저 그리스도의 고통의 상처들을 상기시켜 주었습니다. 동상의 모든 부분들이 소중했기에 그들은 동상 전체를 보수했습니다. 그러나 손 부분은 끝내 찾지 못했습니다.

몇몇 사람들은 말했습니다. "그리스도의 동상에 양손이 없다니, 어떡하죠?"

그러자 어떤 사람이 아이디어를 냈습니다. 그는 동상에 동판을 붙이고 "나는 너의 두 손 외에는 손이 없다!"라고 새겨 넣었습니다. 이후 그 마을을 방문한 어떤 사람이 보수 작업이 완료된 손 없는 그리스도 동상을 보고 시를 지었습니다.

오늘 나의 일을 행하기 위해,
너의 손 외에는 다른 손이 없느니라.
영혼들을 인도하기 위해,
너의 발 외에는 다른 발이 없느니라.
내가 어떻게 죽었는지 전하기 위해,
너의 입 외에는 다른 입이 없느니라.
그들을 하나님의 편으로 데려오기 위해,
너의 도움 외에는 다른 도움이 없느니라.

그리스도께서는 자신을 영접하고 그들 안에 사시도록 허락한 사람들을 통해서만 그분의 양팔을 펴서 영혼들에게 축복의 손을 얹으실 수 있습니다.

이제 당신이 그분의 몸입니다. 당신이 속한 공동체를 위한 그분의 사역은 당신을 통해서 행해집니다. 그분께서는 영혼들에게 그들의 구원에 대해 말하고 싶어하시고, 복음으로 그들을 설득하고 싶어하십니다. 그분은 당신을 통해서만 그 일을 하실 수 있습니다.

그분께서는 잃어버린 자들, 아픈 자들, 갇힌 자들을

방문하여 축복하기를 원하십니다. 그 일 역시 당신을 통해서 하실 수 있습니다.

그분께서는 영혼들에게 사역하기 위해 천사들을 보내지 않으십니다. 이제 그분은 당신과 나를 통해 일하십니다. 우리가 다른 일로 너무 바쁘거나, 스스로가 충분하지 않다고 생각하거나, 지금 겪고 있는 개인적인 일들이 더 중요하다고 느끼거나, 시간이 없다고 느낀다면 그리스도는 그 동상과 같이 손이 없는 상태인 것입니다.

하나님은 절대 우리를 포기하지 않으십니다

이것이 바로 하나님께서 당신을 소중히 여기시는 이유이며, 당신을 속량하고 그분께 되돌리기 위해 값을 치르신 이유입니다. 하나님께서 자신의 형상대로 아담과 하와를 만드셨을 때 본래의 계획은 그들과 그분의 생명, 그분의 계획, 이 땅에서의 사랑의 사역을 공유하는 것이었습니다.

그러나 죄가 인류에게 들어오자 하나님으로부터 분리되었으며(사 59:1-2), 사망선고가 내려졌습니다(롬 6:23). 그렇지만 하나님께서는 우리를 포기하지 않으셨습니다. 그분께서는 우리를 너무나도 사랑하셨기 때문에 포기할 수 없으셨습니다. 그래서 그분의 아들 예수 그리스도께서 우리를 대신하여 모든 죄에 대한 심판을 담당하셨습니다. 우리가 한번도 죄를 짓지 않은 것처럼 우리를 속량하시고 하나님께로 회복시켜 주셨습니다.

이것은 우리가 죄 가운데 죽지않도록 하는 사랑의 아이디어였습니다.

예수님께서는 하나님께서 우리를 얼마나 귀하게 여기시는지 증명하셨습니다.

예수님께서 나의 자리에서 그분의 생명을 내어주심으로 나를 대신하여 값을 지불하셨습니다.

나는 하나님이 나를 위해 지불하신 값만큼 가치 있는 자입니다.

나는 하나님께서 속량하시기 위해 값을 치르신 대상을 다시는 정죄하지 않을 것입니다.

그분이 일으켜 세우기 위해 값을 치르신 대상을 다시는 낮추지 않을 것입니다.

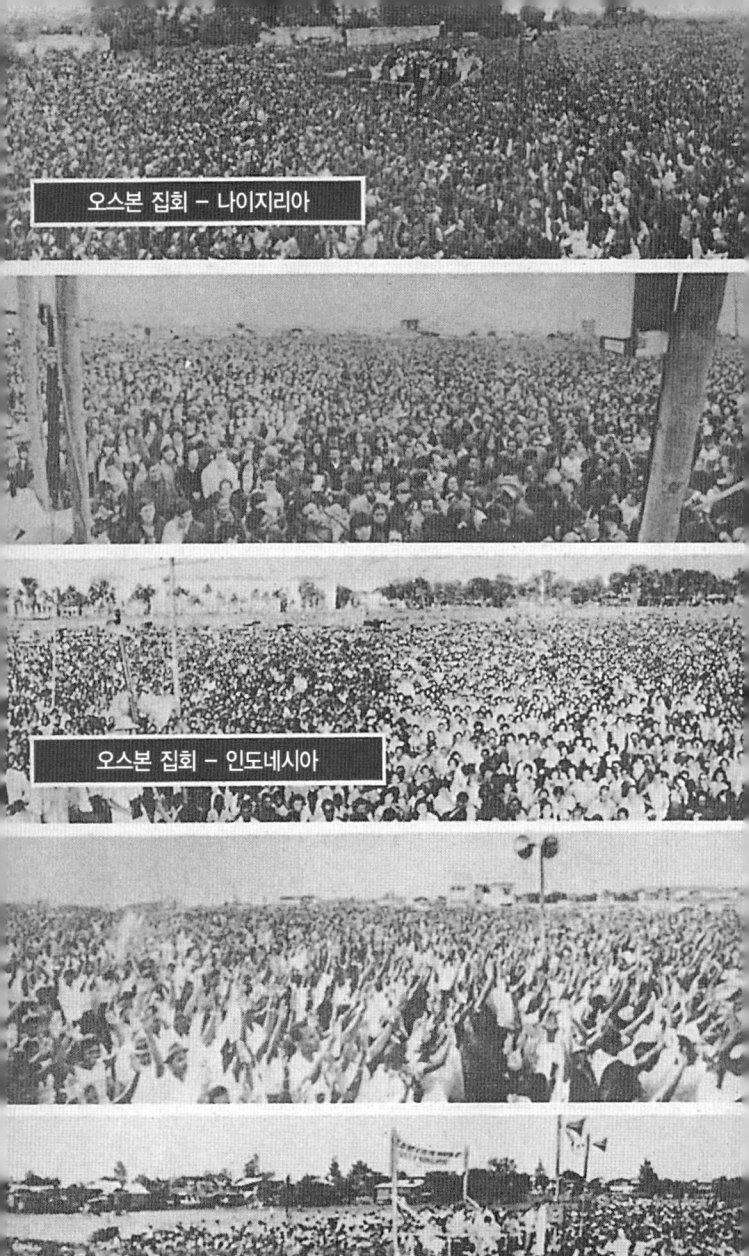

오스본 집회 - 콜롬비아

오스본 집회 - 트리니다드

오스본 목사가 폴란드의 4개 도시에서 살아있는 복음을 선포하고 있습니다.
15톤의 오스본 저서들이 사람들에게 전해지고 있습니다.

설교자

교사

지도자

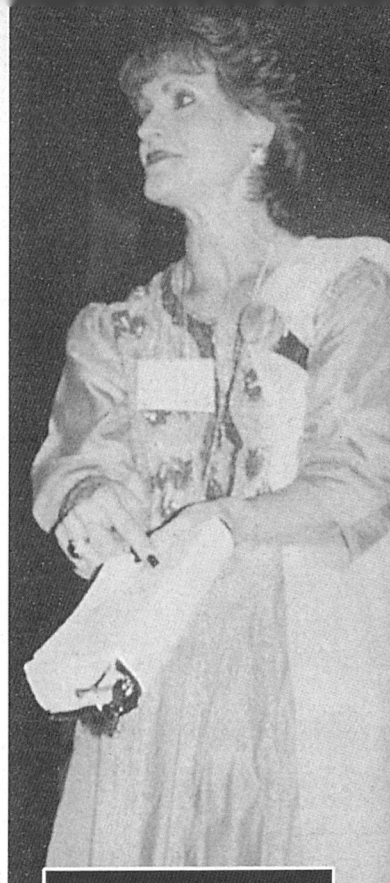

라도나 오스본 박사의 삶과 사역은 복음을 접하지 못한 사람들과 그리스도의 몸 안으로 회심한 사람들을 세우는 것에 초점이 맞추어져 있습니다.

400명 이상의 목사들과 교회들의 감독으로서, 그녀의 열정은 그리스도께 돌아온 영혼들이 지역 교회에 속해 그분의 대사로 일하는 것을 배우며 그분의 사랑을 다른 사람들에게 전달하는 것에 있습니다.

오스본 집회 - 킨샤사(콩고의 수도)

전 세계 영혼구원 사역을 위해 사용된 전도 방식은 수십 년간 증명된 오스본 사역의 아웃리치 방식이었습니다.(페이지 중앙에 T. L. 오스본과 데이지 오스본)

동아프리카 여성들을 위한 세미나

T. L. 오스본 목사의 아내인 데이지 워쉬번 오스본의 삶과 사역은 여성 그리스도인 중 유례가 없는 경우였습니다. 그녀의 삶과 사역은 70개가 넘는 나라의 수많은 여성들에게 그리스도 안에서의 진정한 자존감을 심어주며 긍정적 영향을 끼쳤습니다.

여성들을 위한 기적의 날 집회 - 우간다

여성들을 위한 집회 - 동아프리카

호주인들을 위한 집회

인도네시아 여성들을 위한 집회 - 수라바야 (인도네시아의 도시)

여성들을 위한 집회 - 가나

영혼구원 세미나 - 니안자 (케냐의 주)

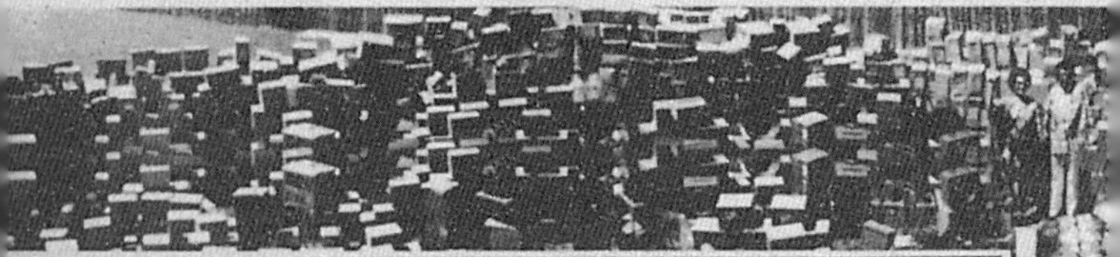

영혼구원을 위한 물품들을 가득 실은 100대 이상의 차량들이 오스본 사역에 의해 전 세계 곳곳의 전도 현장에 제공되었습니다.

오스본 집회 - 보고타 (콜롬비아의 수도)

오스본 집회 - 아크라 (가나의 수도)

오스본 교육 세미나 - 오클라호마 털사 캠프 미팅

오스본 집회 - 나이지리아

오스본 사역에 의해 무료로 제공된 수백 개의

아직 복음을 듣지 못한 사람들에게 하나님의 사랑을 전하기 위해 각 지역의 목사들, 리더들, 선교사들에게 무료로 수천 톤의 전도에 필요한 책들과 도구들이 배포되었습니다.

오스본 집회 - 우요 (나이지리아의 도시)

오스본 집회 - 킨샤사 (콩고의 수도)

오스본 집회 - 서아프리카

오스본 집회 - 칼라바르 (나이지리아의 도시)

카세트 플레이어들과 수천 개의 복음 테이프들

T. L. 오스본과 그의 딸 라도나 오스본은 구소련 연방의 10개 주요 도시를 돌아다니며 매 도시마다 강당을 가득 채운 회중에게 기적을 불러내는 복음을 선포했습니다. 집회에 참여한 성인들에게는 그들이 출판한 10권의 책을 무료로 제공했습니다.

우크라이나 하르키우의 한 강당이 오스본 집회에 참석하기 위한 사람들로 빼곡히 찼습니다.

라도나 박사의 힘 있는 설교는 하르키우 사람들에게 충격을 주었습니다. 능력으로 설교하고, 믿음으로 기도하며, 기적을 증거하는 그녀의 모습은 하나님께서 여성들을 사역에서 제한하지 않으신다는 것을 보여주는 증거가 되었습니다.

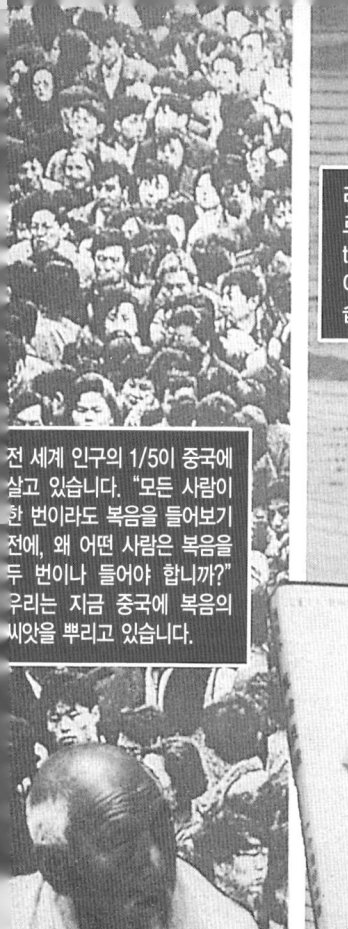

라도나 박사는 중국어로 번역된 "Healing the Sick"을 베이징에서 수천 권 배포했습니다.

전 세계 인구의 1/5이 중국에 살고 있습니다. "모든 사람이 한 번이라도 복음을 들어보기 전에, 왜 어떤 사람은 복음을 두 번이나 들어야 합니까?" 우리는 지금 중국에 복음의 씨앗을 뿌리고 있습니다.

중국에서의 거대한 영혼 추수를 위해 심겨지고 있는 오스본 목사의 저서들

중국은 5,000년 넘는 세월 동안 세계에 영향을 끼쳐왔고 지금 옛 것은 새로운 것들로 변화되고 있습니다. 인류를 향한 하나님의 사랑의 속량 계획은 수많은 중국인들을 위한 유일한 소망입니다.

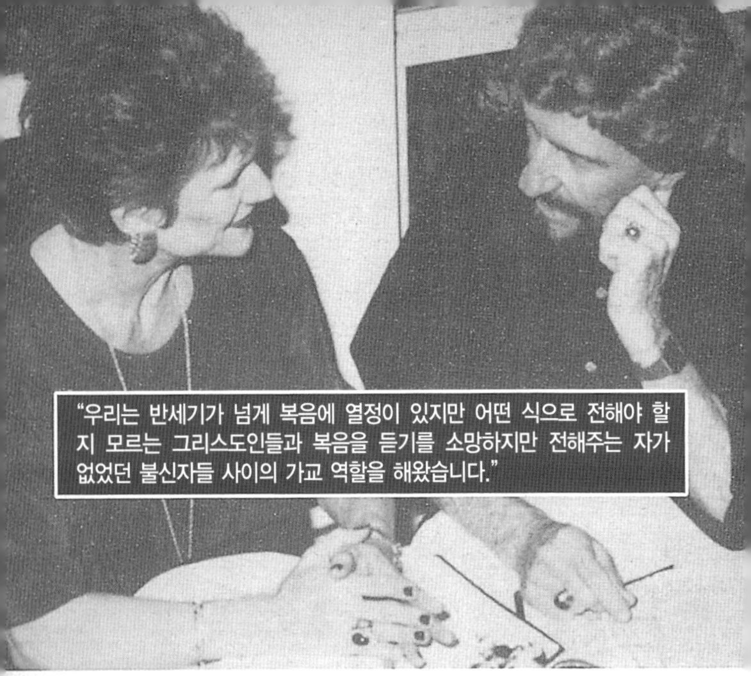

"우리는 반세기가 넘게 복음에 열정이 있지만 어떤 식으로 전해야 할지 모르는 그리스도인들과 복음을 듣기를 소망하지만 전해주는 자가 없었던 불신자들 사이의 가교 역할을 해왔습니다."

아직 복음을 들어보지 못한 자들에게 복음을 전하는 파트너로 우리를 선택해 준 그리스도인들과 영적 지도자들에게 감사를 전합니다. (T. L. 오스본 목사와 그의 딸 라도나 오스본 박사)

오스본 가족의 메시지는 예수 그리스도께서 십자가에서 당신을 대신하여 죽으셨을 때 그분이 당신을 위해 하신 일에 대한 좋은 소식입니다. 그분께서는 당신이 한번도 죄를 지은 적이 없는 자로 하나님께 회복시키기 위해 당신의 죄를 대신 담당하셨습니다. 어떤 죄도 두 번 처벌받을 수 없습니다. 어떤 값도 두 번 지불될 수 없습니다. 그분께서 당신을 대신해서 그 일을 하셨습니다. 이제 당신은 그분께서 마음에 품으신 모든 것이 될 수 있습니다.

나는 하나님께서 직접 창조하신 나의 가치를 인식합니다.

나는 하나님께서 나를 그분의 최고의 창조물로 여기신다는 것과 나의 삶 가운데 그분의 최고의 것들을 예정해 두셨음을 압니다.

나는 그분의 자녀이고 그분의 가족에 속했습니다.

10 장

부모와 자녀 관계입니다

 성경은 말씀합니다. "하나님이 자기 형상 곧 하나님의 형상대로 사람을 창조하시되 남자와 여자를 창조하시고"(창 1:27). 모든 아이가 자신의 부모를 닮는 것처럼 하나님께서는 인간이 그분을 닮도록 창조하셨습니다. 성경은 아담과 하와가 아들 셋Seth을 낳은 것을 보여줍니다. 셋이 자신의 아버지인 아담을 닮았음을 묘사하기 위한 단어들이 당신이 아버지인 하나님을 닮았음을 묘사할 때도 동일하게 사용되었습니다.

하나님의 형상으로 창조되었습니다

 "아담은 백삼십 세에 자기의 모양 곧 자기의 형상과 같은 아들을 낳아 이름을 셋이라 하였고"(창 5:3).
 위의 성경구절에서 볼 수 있듯이, 자녀들은 그들의

부모를 닮습니다. 하나님은 당신이 모든 면에서 그분을 닮도록 계획하셨습니다. 성경은 하나님께서 당신과 나를 위해 계획하신 삶의 방식과 계획들을 설명해줍니다.

하나님께서 말씀하셨습니다. "하나님께서 그들에게 복을 주시며 하나님이 그들에게 이르시되 생육하고 번성하여 땅에 충만하라, 땅을 정복하라, 바다의 물고기와 하늘의 새와 땅에 움직이는 모든 생물을 다스리라 하시니라"(창 1:28).

창세기 1장 29-30절에서는 하나님께서 인류에게 주신 이 땅에서의 모든 소유물들을 기록하고 있습니다. 하나님께서는 결코 당신과 내가 가난, 열등함, 질병, 우울함, 결핍, 불안을 경험하도록 계획하지 않으셨습니다. 그분은 당신과 나를 포함한 그 어떤 사람도 모자람이 있도록 창조하지 않으셨습니다.

이 강력한 원리들이 당신 가운데 뿌리 내린다면, 자신을 하나님의 가족의 일원으로 바라보고 존중하게 됩니다. 하나님의 가족은 이 땅에서 그분을 대신하고 그분의 삶의 방식을 보여주어야 합니다. 이제 당신이 물을 차례입니다. "내가 그 일을 어떻게 해야 하나요?"

당신 안에서 위대함이 싹트고 있습니다

　첫 단계는 당신의 가치를 인식하는 것입니다. 자신의 가치를 인식할 때, 당신 안에서 위대함의 씨앗이 싹트게 됩니다. 그 씨앗은 자라서 당신 안에서 역사하는 기적이 됩니다.

　당신은 자신을 존귀하고 가치 있는 사람처럼 생각하고, 느끼고, 말하기 시작합니다.

　자신의 가치를 정확히 아는 것은 존중을 불러일으킵니다. 당신이 스스로를 대하는 대로 다른 사람이 당신을 대하게 됩니다. 당신이 스스로를 바라보는 대로 다른 사람이 당신을 바라보게 됩니다. 자신을 신뢰하기 시작할 때 다른 사람들의 신뢰를 받게 됩니다. 자신의 생각, 말, 행동으로 당신의 삶에 대한 가치를 새기는 것입니다.

　절대 자신을 낮추는 생각들을 허용하지 마십시오. 절대 하나님이 만드신 최고의 작품에 걸맞지 않는 말이나 행동을 하지 마십시오.

나의 유산은 하나님의 최고를 소유하는 것과 그분과의 교제를 즐기는 것과 그분의 부요와 능력을 나와 영혼들을 위해 사용하는 것입니다.

나와 다른 영혼들을 향한 하나님의 사랑은 절대 멈추지 않습니다.

사랑은 절대 실패하지 않으므로 나 역시 절대 실패하지 않습니다.

11장

다른 사람들을
일으켜 세워주는 사람입니다

예수님께서 말씀하셨습니다. "내가 주릴 때에 너희가 먹을 것을 주었고 목마를 때에 마시게 하였고 나그네 되었을 때에 영접하였고 헐벗었을 때에 옷을 입혔고 병들었을 때에 돌보았고 옥에 갇혔을 때에 와서 보았느니라"(마 25:35-36). 이어 말씀하시기를 "임금이 대답하여 이르시되 내가 진실로 너희에게 이르노니 너희가 여기 내 형제 중에 지극히 작은 자 하나에게 한 것이 곧 내게 한 것이니라 하시고"(마 25:40).

우리가 정말 예수 그리스도를 알기 원한다면 감옥에서, 아픈 사람들 가운데서, 헐벗고 가난한 자들 속에서 그분을 발견할 수 있습니다. 그들을 섬길 때 그리스도를 발견하고 그분을 섬기는 것입니다.

매춘부였던 여성

뉴욕의 한 여성이 예수님을 영접한 후에 대단한 영혼 구원자가 되었습니다. 그녀는 마약에 중독된 매춘부였습니다. 또한 싸움에 휘말려 자신의 한쪽 팔을 잃게 되어 의수를 차고 있었습니다. 그러나 그녀는 예수님을 구주로 영접하고 나자 주님께서 그녀의 삶을 가치 있게 여기신다는 것을 믿게 되었습니다. 과거에는 매춘부였고 또 신체적 장애도 가지고 있지만 하나님의 사랑의 계획에 자신이 얼마나 중요한 존재인지 믿었습니다.

그녀는 예수님께서 얼마나 매춘부들과 아직 복음을 접하지 못한 사람들에게 다가가고, 사랑하고, 구원하고, 치유하고, 축복하기를 원하시는지 이해하게 되었습니다. 그분께서 그 일들을 자신을 통해서 하시길 원하신다는 것과 이제 자신은 그분의 몸이라는 것을 깨닫게 되었습니다. 예수님은 그녀 안에 살기 위해 오셨고, 그녀가 그분의 이름 안에서 행동하기 시작할 때, 예수님은 그녀를 통해 다른 사람들을 치유하고 사랑하고 세워줄 수 있습니다.

그녀를 필요로 하는 사람들과 과거의 그녀처럼 상처받은 사람들에게 다가가고 싶었습니다. 그들을 도와줄 수 있는 방법을 곰곰이 생각하다가 마침내 놀라운 아이디어가 떠올랐습니다.

포르노 상영관

뉴욕의 한 슬럼가에는 음란물을 상영하는 극장 세 개가 나란히 위치하고 있었습니다. 그 극장들 중에 가운데 위치한 극장이 매물로 나왔습니다. 그녀는 함께 일하는 사람들과 그 극장을 매입하기 위한 충분한 돈을 모을 때까지 절대 포기하지 않았습니다. 먼저 시급한 도움이 필요한 곳들에서 복음을 나누는 모임을 가지기 시작했습니다.

개조된 극장의 출입구 맞은 편에는 호텔이 세 채 있었는데, 그곳에서 지내는 사람들은 대부분 포주들과 그들의 매춘부들이었습니다. 과거에 매춘부이자 마약 중독자였던 그녀는 이곳을 하나님을 위해 일할 장소로 정했습니다.

그녀는 하나님의 관점을 가지고 있었습니다. 상처받고, 잊혀지고, 사랑받지 못하고 교회에 출석하지 않고 있는 사람들을 사랑하고 섬기는 것을 통해서만 하나님을 사랑하고 섬길 수 있다는 것을 알았습니다.

현재는 그 지역에서 수백 명의 사람들이 예배에 참석하고 있습니다. 그 슬럼가를 지역사회의 암적인 존재라고 비난하지 않고, 오히려 다수의 영혼구원자가 그곳으로 이사하여 그 지역을 치유하기 시작했습니다. 그들은 진정한 행동하는 그리스도인의 믿음과 사람들에 대한 하나님의 가치관을 보여주었습니다.

그것이 하나님 안에서 진정한 믿음을 발견하는 유일한 길입니다. 당신이 다른 사람들에게 행하는 것이 곧 그리스도께 행하는 것입니다. 믿음은 교회에 적혀 있는 어떤 아름다운 글귀들을 통해서가 아니라, 도움을 필요로 하는 사람들을 위한 아름다운 행동들로 알 수 있습니다.

소망이 없는 자는 없습니다

하나님의 가치관을 깨닫게 되면 다시는 어떤 사람도 소망 없는 존재로 보지 않게 됩니다. 누군가가 소망이 없다고 말한다면 그것은 하나님이 그 사람을 신경 쓰지 않는다고 말하는 것과 같습니다. '하나님이 어떤 사람에 대해 신경 쓰지 않는다'고 말하는 것은 우리가 신경 쓰고 있지 않다는 것과 같습니다. 왜냐하면 그분은 우리를 통해서만 다른 사람들을 돌보실 수 있기 때문입니다.

그분께서는 사람들에 대해 관심이 많으시며 그들을 사랑하십니다. 그분께서는 우리를 통해서 그 일들을 하십니다. 그리고 그분의 사랑은 절대 멈추지 않습니다.

우리가 어떻게 보여지고 살고 있는지와 상관 없이, 우리를 위한 그분의 사랑의 상처는 그분께서 우리와 다른 사람들을 얼마나 귀히 여기시는지를 입증합니다.

하찮아 보이던 사람들이 귀한 사람들로 바뀌었습니다

미국의 한 대형교회의 젊은 목사가 이렇게 말하는 것을 들은 적이 있습니다. "9년 전에 우리는 아무것도 없이 이 도시에 왔습니다. 우리는 사람들이 올 것이라고 기대하지 않았습니다. 대신, 예수님이 그러셨던 것처럼 우리가 사람들에게 다가가기로 선택했습니다."

그는 이렇게 말했습니다. "우리는 18개월 동안 그 지역을 벗어나지 않았습니다. 나와 아내는 매일 아침부터 저녁까지 사람들이 거주하고 일하고 고통받고 죽어가는 그들의 집, 감옥, 병원을 방문하여 사역했고 그들이 구원받을 수 있도록 도왔습니다. 우리는 문제가 있는 사람들에게 찾아갔습니다." 9년이 지난 후에는 2천 명이 넘는 사람들이 그 교회에 출석하여 예배 드리고 있었습니다.

과거에 가난했던 가정들과 매춘부들, 수감자들, 알코올 중독자들이었던 사람들이 오늘날 사업가들이 되었고 지역사회의 생산적인 시민이 되었습니다. 그들은 영혼구원자들을 만들어내고 있었습니다. 그들이 사람들에 대한 하나님의 가치관을 발견했기 때문입니다. 지금은 상원의원들, 의사들, 변호사들이 예배에 출석하고 있고, 이는 하나님의 일을 수행하는 강력한 도구가 됩니다.

그 목사는 삶에서 중요한 원리를 발견했습니다. 그는 굶주리고 목 마른 사람들, 고아들, 수감자들, 헐벗고 아픈 자들, 고통 받는 자들을 섬기는 것이 실제로 그리스도를 섬기는 것이라는 원리를 깨달았습니다.

하나님의 가치관

믿음은 사랑으로 역사한다고 성경은 말합니다(갈 5:6). 요한이 묻습니다. 어떤 사람이 "나는 하나님을 사랑하노라." 하면서 자기 형제를 미워하면 그는 거짓말쟁이라. 눈으로 본 형제를 사랑하지 않는 자가 본 적이 없는 하나님을 어떻게 사랑할 수 있겠느뇨?(요일 4:20)

그러므로 하나님을 사랑하는 것은 곧 다른 사람들을 사랑하는 것입니다. "우리가 말과 혀로만 사랑하지 말고

(요한이 말했던 것처럼) 행함과 진실함으로 하자"(요일 3:18).

요한이 다시 묻습니다. 누가 이 세상의 재물을 가지고 형제의 궁핍함을 보고도 도와줄 마음을 닫으면 하나님의 사랑이 어찌 그 속에 거하겠느냐?(요일 3:17)

우리는 다른 사람들을 향해 참된 사랑의 행동을 할 때만 진정한 믿음을 발견합니다. 예수님께서는 도움을 필요로 하는 사람들이 있는 곳에 늘 계셨습니다. 도움이 필요한 사람들에게 우리가 어떻게 반응하는지가 바로 우리가 그분께 반응하는 방식입니다.

이 모든 원리는 인간에 대한 그분의 가치를 받아들임으로 하나님의 관점을 가지는 것입니다. 하나님은 당신이 모든 인간은 그분으로부터 창조되었으며, 그분의 삶의 방식을 따르고 이 땅에서의 그분의 목적을 완수하기 위해 만들어졌다는 중요한 사실을 깨닫기 원하십니다. 그 모든 인간에는 당신도 포함됩니다.

그 원리를 발견하게 되면 자신의 인생을 바로 보는 관점을 갖게 됩니다. 또한 당신의 삶에 존귀함, 목적, 가치를 줍니다. 그 원리는 당신의 진정한 자아인 고귀한 왕족의 수준으로 당신을 올려줍니다.

내 안에 계신 하나님이 강력해질수록 그분께서 나를 통해 더 많은 사람들을 세워주실 수 있습니다.

나는 하나님의 출발점입니다.

내 인생은 하나님의 숨과 같습니다.

그분의 생명이 내 안에 있다는 것은 그분의 사랑이 내 안에 있다는 것입니다.

하나님께서 지금 내 안에서 역사하고 계십니다.

12장

절대 낮추지 말고 항상 높이십시오

하나님과 같은 종류의 존재라는 그림을 당신의 생각 가운데 잘 붙잡으십시오. 자신을 가치 있게 여기고 높이는 것은 당신이 입을 수 있는 가장 고귀한 옷입니다.

하나님께서 대단히 귀하게 여기시는 스스로를 절대 낮춰보지 않기로 결단하십시오. 하나님이 그분의 형상을 따라 창조한 당신을 절대 스스로 비하하지 않기로 결심하십시오.

하나님께로부터 난 모든 것은 당신을 통해 전달됩니다. 내 안에 계신 하나님이 강력해질수록 그분께서 나를 통해 더 많은 사람들을 세우실 수 있습니다.

하나님께서 당신의 손을 붙잡고 계십니다

당신 안에 사랑이 더욱 가득해질수록 더 많은 사랑이

당신을 통해 표현되는 것을 발견하게 될 것입니다.

가난한 사람들은 가난한 사람들을 도와줄 수 없습니다.

낙심한 사람들은 낙심한 사람들을 세워줄 수 없습니다.

행복한 사람들만이 다른 사람을 행복하게 만들 수 있습니다.

긍정적인 사람들만이 다른 사람들을 긍정적으로 만들 수 있습니다.

당신이 하나님의 출발점입니다. 인생에서 이룰 수 있는 가장 위대한 성취는 하나님께서 창조하신 그대로의 아름다운 사람이 되는 것입니다. 이런 고귀한 삶의 목적을 경시하는 것은 결국 좌절, 불행, 타락을 가져옵니다.

외로움, 우울함, 마약, 성범죄, 불안정함, 심지어 자살이 만연한 이유는 사람들이 스스로를 귀하게 여기지 않기 때문입니다. 사람들은 자신을 우주의 먼지나 컴퓨터 속의 숫자 하나로 여기며, 자신을 중요한 존재로 생각하지 않습니다. 거울을 통해 자신을 바라볼 때, 스스로가 중요하지 않고 무력하며 소망 없는 사람처럼 느껴지는 것입니다.

하나님이 당신 안에 계실 때

 하나님을 대신하는 그분의 창조물로서의 자신의 가치를 발견할 때, 당신의 삶은 목표 즉 존재의 이유를 가지게 됩니다. 그 순간 당신은 이런 깨달음을 얻게 됩니다.

 나는 성공을 위해 지어졌다. 나는 사회의 도움을 절실히 필요로 하거나 수치를 당하거나 혼자 살도록 지어진 사람이 아니다. 하나님과 나는 함께 걸어간다. 하나님과 나는 함께 우리의 세상을 바꿀 수 있다.

 새날이 되어 거울을 보게 된다면 당신은 더 이상 낙담하고 거절 당하고 의기소침한 사람을 볼 수 없을 것입니다. 오히려 인간의 몸 안에 있는 하나님의 창조를 보게 될 것입니다. 이렇게 말하십시오.

 "하나님, 좋은 아침이에요. 저는 제 안에서 하나님이 만든 작품을 보고 있어요. 저는 당신의 동역자가 되기 위해 완벽하게 창조되었으니까요. 하나님, 오늘 제 안에서 아주 멋있게 보이시네요. 오늘은 제가 하나님과 어떤 선하고 생산적인 일들을 하게 될까요?"

 목적을 이루고 삶의 최고를 누리기 위해서는 자신의 가치를 정확하게 인식해야 합니다. 당신의 잠재력을 깨달으십시오.

당신의 보물들을 발견하십시오

당신은 마치 신대륙을 응시하고 있는 콜럼버스와 같습니다. 아직 발견되지 않고 개발되지 않은 귀중한 보물들이 있습니다. 그 보물들은 당신을 성공하고 행복하며 건강하고 생산적인 사람으로 만들 것이며 수많은 사람들이 그 성장의 혜택을 함께 누리게 될 것입니다.

당신의 생각은 마치 전기와 같아서, 자신과 다른 사람들의 유익을 위한 창조적인 생산력으로 수집되고 사용되어 전달됩니다. 하나님께서 당신 안에 계시다는 사실은 당신이 소유할 수 있는 가장 강력한 생각입니다.

당신의 삶은 하나님의 숨과 같습니다. 당신 안에 있는 하나님의 생명은 당신 안에 있는 하나님의 사랑입니다. 그 사랑은 제한이 없고 영혼을 치유하며 세워주고 축복합니다. 당신을 통해 당신과 다른 이들에게 하나님의 사랑이 전달됩니다.

나는 다른 영혼들을 향해 심령과 귀를 엽니다. 나는 다시는 혼자 살아가지 않습니다.

다른 사람을 가르칠 때 배우게 됩니다.

다른 사람에게 줄 때 얻게 됩니다.

심을 때 수확하게 됩니다.

다른 사람에게 나누어 줄 때 받게 됩니다.

13 장

하나님의 삶의 방식을 나누십시오

하나님께서 당신을 위해 치르신 값을 알게 된다면 인류의 진정한 가치가 무엇인지 깨닫게 됩니다. 태초부터 계획하신 대로 당신에게 오셔서 그 안에 사시기 위해 값을 지불하셨다는 것을 깨닫기 시작할 것입니다. 하나님은 당신 안에서 그리고 당신을 통해서 다른 영혼들에게 그분의 삶의 방식을 전하기 위해 당신 안에 살고 계십니다.

* 우리는 다른 영혼들을 구원하기 위해 구원받았습니다.
* 우리는 다른 영혼들을 세워주기 위해 세움받았습니다.
* 우리는 다른 영혼들을 축복하기 위해 축복받았습니다.

성경은 "…이는 사람이 무엇을 심든지 그대로 거둘 것이기 때문이라"(갈 6:7)라고 말씀합니다.

* 무엇을 심든지, 당신은 그대로 거두게 됩니다.
* 당신이 사랑과 친절함을 심는다면, 당신은 동일한 것을 수확하게 됩니다.

* 당신이 판단과 정죄를 심는다면, 당신은 사람들로부터 판단 받고 정죄 받게 됩니다.
* 당신이 다른 영혼들을 긍휼히 여긴다면, 당신 역시 긍휼히 여김을 받게 됩니다(마 5:7).

다른 사람들에게 심는 씨앗이 곧 당신이 인생에서 얻게 될 수확물입니다. 이 원리는 이것을 발견한 모든 사람들을 세워주었습니다. 이것이 바로 하나님의 가치관입니다.

백만장자를 만드는 원리들

인생에서 성공하기 원하는 모든 사람의 유익을 위해 하나님의 가치관을 아래의 원리들로 정리할 수 있습니다.

필요를 발견하고, 그 필요를 채워주십시오.

상처를 발견하고, 그 상처를 치유하십시오.

갈망을 발견하고, 그 갈망을 충족시키십시오.

문제를 발견하고, 그 문제를 해결하십시오.

이것이 백만장자들을 만들어 낸 원리입니다. 당신을 포함한 모든 사람이 하나님께 무한한 가치를 가졌다는 것을 알게 된다면 당신은 이 원리들을 깨닫고 삶에 적용할 수 있습니다.

예수 그리스도께서 각 사람을 하나님께로 속량하기 위해 지불한 값을 안다면, 다른 사람들을 축복함으로써 자신을 축복한다는 원리와 병든 자에게 치유를 나누어 줄 때 자신 역시 치유를 경험한다는 원리를 발견하게 됩니다.

절대 혼자 살아가지 않습니다

그것이 다른 사람들이 성공하도록 도울 때 당신이 성공할 수 있다고 말하는 이유입니다.

예수님께서 말씀하셨습니다. "주라, 그리하면 너희가 받으리니 사람들이 후히 되어 꼭꼭 누르고 잘 흔들어서 넘치게 하여 너희 품에 안겨 주리라. 이는 너희가 남에게 되어 주는 그 말로 너희가 되어 받게 될 것이기 때문이라"(눅 6:38). 그분께서는 당신이 무엇을 주든, 당신이 주는 것보다 더 많이 받을 것이라고 말씀하셨습니다.

예수님의 법칙은 이것이었습니다. "그러므로 무엇이든지 남에게 대접을 받고자 하는 대로 너희도 남을 대접하라"(마 7:12). 이 법칙은 당신이 다른 사람들에게 하는 그대로 다른 사람도 당신에게 행할 것이라는 것을 의미합니다.

예수님께서는 우리가 씨 뿌리는 자들이라고 하셨습니다. 씨는 하나님의 말씀이고(눅 8:11), 밭은 세상입니다(마 13:38). 여기서 세상은 우리 주위에 있는 많은 사람들을 가리킵니다.

사람들에게 친절함을 심으십시오. 그러면 당신은 친절함을 거두게 될 것입니다. 사랑의 씨앗을 심음으로 사람들을 치유하십시오. 그러면 다른 사람들로부터 치유하는 사랑을 거두게 될 것입니다. 그러나 사람들을 미워한다면 당신은 미움 받게 될 것입니다. 다른 사람을 시기한다면 당신도 시기 받게 될 것입니다.

당신의 눈과 마음과 귀를 다른 이들에게 연다면 절대 혼자가 되지 않을 것입니다. 인류에 대한 하나님의 가치관을 깨닫게 된다면 이 원리들을 행하게 됩니다.

우리가 어떤 존재인지 보여주십시오

예수님은 자신의 사역을 통해 하나님께서 그분 안에서 어떻게 일하고 계신지 우리에게 보여주셨습니다. 우리 역시 다른 사람들에게 행하는 것들로 말미암아 그리스도께서 우리 안에서 어떻게 역사하고 계신지 보여줍니다.

하나님께서 사람들을 귀하게 여기시는 것처럼 우리가 그들을 귀히 여길 때, 우리는 그들에게 상처를 주지 않고, 오히려 치유합니다. 그들을 낙담시키지 않고, 오히려 세워줍니다. 그들은 낮추지 않고, 오히려 높입니다. 그들은 판단하지 않고, 오히려 용서합니다.

예수님께서는 자신과 접촉한 사람들에게 일어난 일들을 통해 우리에게 하나님을 보여주셨습니다. 우리는 우리와 접촉한 사람들에게 일어난 일들을 통해 하나님이 어떤 분이신지 보여줍니다.

당신이 다른 사람들을 성장하도록 도와줄 때 당신이 성장합니다. 당신이 다른 사람들이 부요하도록 도와줄 때 당신이 부요해집니다. 당신은 가르치는 것을 통해 배웁니다. 당신은 주는 것을 통해 얻습니다. 당신은 심는 것을 통해 수확합니다. 당신은 주는 것을 통해 받습니다.

당신의 삶에서의 역동적인 변화는 당신 안에 들어오신 하나님을 발견할 때 일어납니다. 하나님께서는 당신을 통해 그분의 삶의 방식과 풍요함을 다른 영혼들에게 전달하십니다. 당신을 통해 그분의 왕국의 일들을 수행하고 계신다는 것을 발견하십시오.

하나님께서는 모든 사람들을 존귀하게 여기시며, 각 사

람들을 위해 지불한 값으로 그 사실을 입증하셨습니다. 그분께서는 당신을 통해 그분의 사랑과 사람들에게 부여하신 그분의 가치를 보여주시며 일하십니다. 당신을 통해 그분 자신을 드러내신다는 것과 당신의 삶에 가치를 부여해주신다는 것을 발견하십시오.

진정한 사랑일 때

한 작곡가가 말했습니다.

당신이 울려줄 때까지 그 종은 종이 아닙니다.

당신이 불러줄 때까지 그 노래는 노래가 아닙니다.

당신의 마음속에 있는 사랑은 거기 머물기 위해 존재하는 것이 아닙니다.

당신이 주기 전까지 사랑은 사랑이 아닙니다.

그러므로 오늘 다른 사람들에 대한 관점을 새롭게 하십시오. 눈을 들어 밭을 바라보십시오(요 4:35).

당신이 다른 이들에게 손을 내밀 때, 하나님께서 당신을 통하여 그리고 당신에게 손을 내미십니다. 당신이 다른 이들을 축복할 때, 하나님께서 당신을 축복하십니다. 그러므로 다른 사람들을 바라볼 때 그것을 생각하십시오.

당신의 삶에서 수확하고 싶은 것들을 다른 사람들에게 심으십시오. 당신은 자신의 추수의 주인입니다. 당신이 수확하고 싶은 종류의 씨앗을 다른 사람들에게 심는다면, 하나님께서 당신의 위대한 꿈들을 이뤄 주십니다. 이 원리를 배운다면 당신은 평안, 행복, 성공, 성취를 보장하는 위대한 삶의 원리를 발견하게 됩니다.

나는 하나님 안에 있는 나의 근원을 인식합니다. 내 삶은 인간의 몸 안에 있는 그분의 삶입니다.

나는 하나님께서 나를 귀하게 여기신다는 것과 나를 위해 값을 치르셨다는 것을 압니다.

나는 그분께서 존귀하게 여기시는 것을 귀하게 여깁니다.

나는 새로 거듭난 자아를 가지고 있습니다.

14 장

새로 거듭난 자아를 가지고 있습니다

'당신 안에 있는 하나님의 생명'은 그분의 능력이 당신 안에 있다는 것을 의미합니다. 그 생명은 측량할 수 없고 기적을 행하며 긍정적이고 생산적일 뿐 아니라 당신을 통해 다른 사람에게 흘러갑니다.

당신은 버림 받거나 외로울 필요가 없고, 죄책감이나 정죄감을 느낄 필요가 없습니다. 당신은 열등감, 무가치함, 혼란스러움을 느낄 필요가 없으며, 목표가 없거나 두렵거나 불안할 필요가 없습니다.

하나님 안에서의 자신의 뿌리를 인식하고 자신을 그분의 예정된 거처로 바라본다면, 혹은 당신 안에 계신 하나님을 경험하는 것이 얼마나 쉬운지 발견한다면, 당신은 실제로 새로 거듭난 자아를 소유하게 됩니다. 당신의 삶에는 하나님의 생명의 기적이 불어넣어 집니다.

열정을 위한 기본 바탕

사람들이 당신을 존경하고 당신으로부터 힘과 영감을 받기 시작합니다. 왜냐하면 당신이 삶에 대한 긍정적이고 열정적인 관점을 가지게 하는 자신의 진정한 가치, 자존감과 자부심을 발견했기 때문입니다. 당신은 성경에서 하나님을 신뢰했던 사람들처럼 생각하고 말하기 시작합니다. 당신이 이해하기 쉽도록 시편 91편에 있는 몇 가지 강력한 구절들을 보여드리겠습니다.

하나님은 나의 피난처이며 힘이십니다. 그분께서 모든 함정과 전염병으로부터 나를 건져 내십니다.

그분께서 나를 보호하십니다. 그분의 진리가 나의 갑옷입니다. 나는 밤이나 낮이나 두려워하지 않습니다. 나의 주변에 어떤 부정적인 일들이 일어나더라도 나는 하나님 안에서 안전합니다. 그 어떤 것도 그분을 허물어뜨릴 수 없으며, 그런 분께서 지금 내 안에 살고 계십니다.

어떤 재앙도 나에게 닥칠 수 없습니다. 나의 하나님께서 나의 거처에 계시므로, 어떤 전염병도 나에게 올 수 없습니다. 그분의 천사들이 내가 어디를 가든지 나를 지켜줍니다. 심지어 그들은 내가 마주하는 어떤 위험에서도 나를 구해줍니다.

나를 해치려 하거나 파괴하려고 하는 어떤 원수를 향해서도 똑바로 걸어갈 수 있습니다.

이러한 축복들은 하나님께서 그분의 사랑을 나에게 주셨고, 나 또한 나의 사랑을 그분께 드렸기 때문입니다. 그분은 내 이름을 아시며, 나를 높은 곳에 두셨습니다. 내가 그분을 부를 때 그분은 응답하십니다. 내가 어려움을 겪을 때 그분은 나와 함께 하십니다. 그분은 나를 건져내 주시고 영화롭게 해주십니다. 그분은 장수하게 하여 나를 만족케 하시며, 그분의 구원을 내게 보여주십니다.

존귀함과 고귀함을 위해 창조되었습니다

인간은 자신을 존중하고 존경하고 귀하게 여기는 것을 갈망하는 지구상에 유일한 창조물입니다. 하나님의 형상으로 창조된 사람들은 존귀함이 결여된 삶을 견디지 못합니다. 그들은 방 안으로 들어가 블라인드를 내려 버릴 것입니다. 사회로부터 스스로를 격리시키거나, 밑바닥으로 떨어져 서서히 죽어가거나, 고독하고 목적 없는 삶의 희생자가 될 것입니다.

단념하며 살아가는 저주, 허무함이라는 암적 존재, 포기하며 살아가는 삶은 행복하고 풍요로운 삶을 위한 자신의 가치, 자존감, 잠재력을 발견하는 데 실패한 사람들에게서만 자랍니다.

위대함을 위해 태어났습니다

당신은 평범함이 아닌 위대함을 위해 태어났습니다. 질병이 아닌 건강을 위해 창조되었습니다. 실패가 아닌 성공을 위해 왔습니다. 가난과 실망이 아닌 풍요와 행복함을 위해 창조되었습니다. 당신의 인생은 수치심, 학대, 파산이 아닌 존중, 존귀함, 성취를 위해 계획되었습니다.

당신은 실제로 새로 태어난 자존감을 가지게 됩니다. 긴장하기 보다는 오히려 준비되어 있습니다. 두려움 대신 자신감을 가지고 있습니다. 혼란스러워하지 않고 명확한 방향성을 가지고 있습니다. 소심하지 않고 담대합니다. 낙담하지 않고 열정으로 가득 차 있습니다. 피곤하거나 지루해하지 않고 에너지로 넘칩니다. 자신을 정죄하지 않고 오히려 용서합니다.

인간의 모습으로 하나님을 드러냅니다

하나님께서 당신 안에, 곁에, 아래에, 함께 있다는 것을 발견할 때, 당신이 그분에게서 나왔고 그분과 같이 만들어졌다는 것을 받아들일 때, 당신은 하나님이 계획하신 대로의 하나님의 사람이 됩니다.

당신은 하나님의 나타남이 됩니다. 당신의 갈망은 당신을 통해 표현된 하나님의 갈망입니다. 당신의 꿈은 당신 안에 있는 하나님의 꿈의 결과입니다. 당신 안에서 그리고 당신을 통하여 지금도 역사하고 있는 살아있는 기적이 됩니다. 당신은 곧 현재 일하고 계신 하나님이 됩니다. 하나님과 같은 당신의 가치를 발견하십시오. 특별한 사람처럼 생각하고 말하고 행동하기 시작하십시오.

스스로의 가치를 발견하고 자신을 존중하고 바르게 바라보는 것을 배우면 긍정적으로 변화할 뿐만 아니라 당신의 가정, 지역사회, 세상에서 강력한 영향력을 가지게 됩니다. 하나님의 형상으로 창조된 수많은 증거들이 있는데, 어떻게 다시 부정적으로 바뀌거나 의기소침해질 수 있겠습니까?

하나님께서 나를 지으셨습니다.

그분의 최고의 재료들이 지금 내 안에 있습니다.

나는 사랑의 산물입니다.

나는 위대함을 위해 창조되었습니다.

나는 하나님의 최고의 작품입니다.

15 장

하나님은 최고의 예술가이십니다

미켈란젤로는 최소 44개의 위대한 동상들을 조각하기 시작했다고 알려져 있습니다. 그러나 그는 그 중 오직 14개의 동상만 완성하였습니다. 그 14개의 동상들 중 이탈리아 피렌체에 있는 다윗상, 로마의 바실리카 성당에 있는 피에타상, 그리고 그의 기념비적인 작품 모세상이 있습니다. 이 유명한 동상들을 경외감을 느끼며 관람했었던 경험이 있습니다.

생각해 보십시오. 최소 30개의 위대한 작품들이 거장의 마음에 품어졌고 부분적으로 조각도 되었으나 미완성으로 남겨졌습니다. (부분적으로 작업된 대리석 조각들은 다행히 이탈리아의 한 박물관에 보존되어 있습니다.) 부분적으로만 조각된 것들을 보면 어떤 것은 손, 어떤 것은 다리, 어떤 것은 팔꿈치, 어깨, 발가락이 있는 발만 보여줍니다. 전체적인 구상이 그의 생각 가운데 있었음에도 실현되지 않았습니다. 조각되지 않은 나머지 부분들은 대리석 안에 영원히 갇힌 채로 거장 미켈란젤로의 본래 구상대로 형상화 되지 못했습니다.

그분의 형상대로 당신을 창조하신 하나님께서는 당신이 미켈란젤로의 미완성 조각상처럼 되지 않도록 계획하셨습니다. 그분께서는 명확하게 당신을 정하시고 이 책이 당신의 손에 들리도록 하셨습니다. 왜냐하면 당신이 자신의 가치에 대한 원리를 발견하기 원하셨기 때문입니다.

당신이 하나님의 최고의 작품입니다

당신 안에 있는 재료는 모두 최고입니다. 당신은 속량받았습니다. 모든 값이 지불되었습니다. 당신은 아직 조각되지 않은 대리석 같은 존재이며, 그분의 형상대로 그분이 직접 구상하고 창조하신 존재이며, 절대적으로 무한한 잠재력을 지니고 있는 존재입니다. 모든 것이 당신 안에 있습니다.

하나님께서 당신을 그분의 형상대로 창조하셨을 때 그분의 마음속에 가지고 계셨던 감탄과 경이로움을 지금 당신에게서 보고 계십니다. 최고의 조각가인 하나님께서 이 책을 통해 당신에게 손을 내밀고 계십니다. 하나님의 기적의 능력으로 당신을 충만하고, 놀랍고, 완벽한 존재로 표현하여 그분의 능력을 드러내기 원하십니다. 그분의 모든 가치는 당신 안에 있습니다.

그분은 최고의 조각가이시며, 당신은 그분의 최고의 재료입니다. 당신이 스스로를 낮게 여기고, 정죄하고, 부정하는 것은 그 최고의 조각가를 제한하는 것입니다.

당신이 '예'라고 말할 때, 그분께서 당신의 뛰어난 잠재력을 개발하기 위해 당신 안에 능력을 풀어놓으십니다.

당신이 '아니요'라고 말할 때, 또 '나는 부가치하고, 쓸모없고, 할 수 있는 게 없고, 열등하다'고 말할 때, 당신은 최고의 조각가의 손을 묶어버리는 것입니다. 당신의 삶은 오직 머리 하나 또는 팔다리 하나만 완성된 채로 남겨진 미켈란젤로의 미완성 대리석 조각과 같이 되는 것입니다.

하나님의 관점을 취하십시오. 그분이 당신을 완전하게 개발할 수 있도록 자신을 그분께 내어 드리십시오. 당신 안에서 일하고 계신 하나님께서 행하실 수 있는 모든 가능성을 믿으십시오. 당신은 그분의 최고의 작품입니다.

비극 혹은 승리

  삶에서 일어날 수 있는 **최악의 비극**은 자신 안에 숨겨진 가능성들을 평생 깨닫지 못한 채 자신을 깨고 나오지 못하고 그냥 살다가 죽는 것입니다. 먼저 원리를 발견하고 당신의 삶에 이런 일이 일어나지 않게 하겠다고 결단하십시오.

  삶에서 경험할 수 있는 **최고의 승리**는 그리스도 안에서 자신이 누구인지를 알고 하나님께서 당신을 위해 창조하신 풍성하고 완전히 행복한 삶을 발견하여 제한 없는 삶으로 발전해가는 것입니다. 당신은 다른 사람들에게 심고 그 결과로 완전한 평안과 행복, 성공, 성취가 가득한 하나님의 삶의 방식을 수확함으로써 제한 없는 삶을 살 수 있습니다.

나는 나의 꿈만큼 젊습니다.

나는 나의 새로운 아이디어만큼 젊습니다.

나는 나의 새로운 가치만큼 젊습니다.

내 안에 있는 하나님의 능력에는 어떠한 나이 제한도 없습니다.

나는 나에 대한 하나님의 가치를 받아들입니다.

16 장

하나님의 가치를 받아들이십시오

이제는 행동으로 당신의 인생과 다른 이들의 인생을 위해 하나님의 새로운 가치관을 받아들인다는 것을 보여드릴 때입니다. 당신이 해야 하는 것들은 무엇입니까? 그리 많지 않습니다. 그저 믿는 바를 고백하십시오. 그분의 새로운 꿈과 아이디어, 개념, 가치들이 이제 당신의 새로운 인생 계획의 기준이 되었다고 고백하십시오. 그리고 나서 이러한 원리를 행할 무언가를 하기로 결심하십시오.

당신의 믿음, 당신의 사역

바울은 예수님을 영접하는 것의 전체적인 원리를 간단히 두 단계로 설명했습니다. **1) 하나님께서 예수를 죽은 자들로부터 살리신 것을 네 마음에 믿고,**

2) 네 입으로 예수를 주로 시인하면 구원을 받으리라
(롬 10:9). 이것이 바로 하나님께 모든 축복을 받는 원리입니다.

첫 번째, 심령으로 믿으십시오. 그것이 당신의 **믿음**입니다.

두 번째, 이것을 다른 사람들에게 입으로 고백하십시오. 다른 사람들과 이 원리를 나누십시오. 다른 사람에게 전하십시오. 그것이 당신의 **사역**입니다.

이것은 생애 가장 위대한 순간 중 하나입니다. 아직 당신이 어릴지라도 하나님의 계획의 일부가 되길 원할 것입니다. 당신은 절대 이전과 같지 않을 것입니다. 나이가 든 사람들도 삶의 방향을 바꾸고 새롭고 긍정적이며 훌륭한 삶을 시작할 수 있습니다.

당신이 새로운 비전을 가지게 되었다면, 늦은 때라는 것은 없습니다. 이스라엘의 건국자인 데이빗 벤 구리온은 일흔이 지나서 프랑스어를 배웠습니다. 위대한 화가인 티티안은 98세의 나이에도 명작들을 그렸습니다. 당신은 당신의 꿈, 새로운 프로젝트, 새로운 아이디어와 새로운 가치만큼 젊습니다.

하나님의 능력에는 나이 제한이 없습니다

94세의 노인이 휠체어를 타고 나와 데이지를 만나기 위해 오클라호마 털사로 왔습니다. 그는 매주 교도소 사역을 하고 있었고, 이미 100명 이상의 영혼을 주님께로 인도했습니다. 그가 어떤 것을 원하고 있었는지 아십니까? 설교 메시지들, 불신자들과 병자들을 위한 우리의 기도, 그리스도를 영접한 사람들 가운데 일어났던 기적들을 보여주는 집회 영상들과 그 영상들을 큰 화면으로 보여줄 수 있는 프로젝터 한 대를 원했습니다. 그 영상들은 67개국 언어로 제작되었고, 복음전파를 위해 전 세계에 공급되고 있었습니다.

그 노인은 사람들에게 그 영상들을 보여주며 예수 그리스도를 전하기 위해 미국 횡단 여행을 계획하고 있었습니다. 그는 사역자는 아니었지만, 하나님의 아이디어를 품고 있었고 하나님께서 각 사람을 얼마나 귀하게 여기시는지와 각 사람이 주님께 얼마나 가치 있는지를 알고 있었습니다.

그는 우리에게 이렇게 말했습니다. "나는 죽을 수 없습니다! 나는 죽을 수 없습니다! 나는 해야 할 일이 너무도 많습니다. 아직도 잃어버린 영혼들이 너무 많고,

그들은 예수님을 갈망합니다. 나는 그들에게 전해야만 합니다." 그는 94세였지만 죽을 시간조차 없었습니다. 생명에 대한 하나님의 태도와 그분의 가치관을 받아들인 정말 아름다운 본보기입니다.

하나님의 일을 하기에 너무 늙은 사람도 없고, 너무 어린 사람도 없습니다. 저는 열두 살에 구원 받았고, 열다섯 살에 사역자가 되었습니다. 열여덟 살이 되던 해에 결혼했고, 스물한 살에 인도 선교사가 되었습니다.

그 누구도 너무 어리지 않으며 그 누구도 너무 늦지 않았습니다. 오늘이 당신의 날이며 하나님께서는 당신이 하나님과 사람들에게 무한한 가치를 지녔다는 이 귀중한 원리들을 깨닫게 하기 위해 이 책이 당신의 손에 오게끔 하셨습니다.

당신이 필요로 하는 기적은 이미 당신의 인생에서 일어나기 시작했습니다. 왜냐하면 하나님께서 당신을 보시는 것처럼 스스로를 바라보기 시작했기 때문입니다.

나는 하나님의 사랑의 음성을 환영합니다.

그분은 내게

나의 신성한 근원을,

나의 고귀한 부르심을,

나의 무한한 가치를,

내가 최고의 삶을 성취하고 누리며 나누도록

도우시는 그분의 사랑의 계획을,

상기시켜 주십니다.

17 장

열등감으로부터 자유합니다

  수천 년 동안 하나님의 축복에 이르는 길은 성경에서 분명히 정의되어 왔지만, 인류는 종교적 편견으로 인해 그 아름다운 길을 늘 받아들이지 않았습니다. 종교적인 교리 논쟁은 사람들에게 겁을 주고 하나님으로부터 멀어지게 했습니다.

  인본주의는 수세기 동안 논리와 이성에 근거하여 사람들을 설득하고자 더욱 노력해왔습니다. 사람들의 양심을 만족시키기 위해 "인간은 선하다"라고 외칩니다. 그러나 전통적 종교인들은 "아닙니다. 우리는 '인간은 악하다'라는 근본적인 사실을 강조해야만 합니다"라고 말합니다.

하나님은 선하십니다! 나도 선할 수 있습니다!

앞서 말한 두 가지 주장은 초점을 인간에 두고 있기 때문에 핵심을 간과하고 있습니다. 사람들이 선한지, 악한지를 논하는 것보다 우리가 추구할 수 있는 더 좋은 선택은 **하나님은 선하시다**는 기본 진리를 인간의 평가 위에 세우는 것입니다.

하나님께서 선하시다면, 당신도 선할 수 있습니다. 하나님께서는 그분의 형상을 따라 그분 안에서 당신을 창조하셨기 때문에 당신은 존귀함과 가치를 지닙니다.

어떤 사람도 하나님의 자녀를 낮추면서 그분을 높일 수 없습니다. 나는 그동안 청중 앞에서 그들의 죄를 드러내거나 공격하거나 정죄하지 않는다는 사실로 인해 비판을 받았습니다. 그러나 하나님께로 가는 길을 찾지 못한 사람은 이미 죄의식과 정죄감을 느끼며 살아갑니다.

하나님은 언제나 당신을 사랑하셨습니다

하나님의 선하심에 주목하시기 바랍니다. 그분께서는 당신이 어떤 상태일지라도 사랑하십니다. 모든 죄에서 당신을 속량하시기 위해 그분의 아들 예수님을 내어주심으로 완전한 값을 지불하셨습니다. 그분은 당신이 그것에 대한 필요를 느끼기 전에 이미 그 일을 행하셨습니다. 하나님의 선하심을 잘 몰랐을 때도 그분께서 당신을 그만큼 사랑하셨다는 것은 당신이 지닌 신성한 가치와 존귀함을 믿을 수 있게 합니다.

인문학자와 심리학자들이 말하듯 당신이 근본적으로 선하든지 또는 사제들과 랍비들과 종교 지도자들이 말하듯 당신이 근본적으로 악하든지 그것은 정말 중요하지 않습니다. 하나님 없이 살고 있다면 당신은 온전하지 않으며 자신의 잠재력에 걸맞게 살고 있지 않는 것입니다.

당신은 생명을 위해 창조되었습니다

하나님께서 당신을 위해 계획하신 생명은 당신이 놓치기에는 너무나 귀합니다. 당신이 살아가고, 소유하고, 누리고, 행할 수 있는 것들이 너무나 많습니다. 소망을 포기하거나 상황에 굴복하는 것은 죄를 짓는 것이며 타락하는 것이자 죽는 것과 동일합니다. 당신은 생명을 위해 창조되었습니다. 그것이 바로 이 책이 당신의 손에 쥐어 있는 이유입니다.

하나님께서는 당신을 위대함, 성공, 건강, 행복, 성취를 위해 창조하셨습니다. 자신의 겉모습을 넘어 그 이상을 바라보십시오. 하나님의 삶의 방식을 갈망하는 심령 깊숙한 곳을 살펴보십시오. 당신의 심령 깊숙한 곳에 바로 그 갈망이 있습니다. 당신을 공격하거나 정죄하지 않고 오히려 소망을 주는 사랑의 음성을 환영하십시오. 진정한 소망을 주는 그 사랑의 음성이 하나님께서 당신을 사랑하시고 돌보신다는 것을 말해줍니다.

하나님의 사랑의 음성을 받아들이십시오

복음이 말하는 사랑의 메시지를 받아들이십시오. 복음은 하나님께서 당신을 정확히 그분과 같이 창조하셨다는 것을 말해줍니다. 복음은 당신의 부르심이 그분처럼 행하는 것이라는 것을 알려줍니다. 복음은 그분께서 당신을 너무나도 귀하게 여기셔서 열등감과 파멸과 죄로부터 속량하기 위해 무한한 가치의 값을 지불하셨다는 것을 말해줍니다.

당신이 이것을 이해하고 받아들인다면, 하나님께서는 당신 안에서 그리고 당신을 통해 그분의 생명을 전달하실 수 있습니다. 그분은 변치 않으시며, 패배하실 수 없고, 제한이 없으십니다. 하나님이 어떠하심과 같이 당신도 그렇게 될 수 있습니다. 하나님은 당신 안에서 그리고 당신을 통해서 사실 때에도 변함없이 하나님이십니다. 그분은 당신 안에서 변하지 않으십니다.

하나님의 사랑의 계획을 받아들이고 예수 그리스도를 영접했다면, 당신은 거듭나서 육신 안에 있는 하나님이 된 것입니다. 당신은 사람들에게 하나님을 드러내는 자가 됩니다. 당신은 행동하는 사랑이 됩니다. 당신 안에 계신 하나님이 선하시기 때문에 당신 역시 선한 자가 됩니다. 당신은 하나님의 능력을 경험하게 됩니다.

이러한 사실들에 압도될 수도 있겠지요. 자신이 별로 대단한 존재가 아니라고 생각해왔을 수도 있습니다. 그러나 하나님의 사랑의 음성은 인간의 본성을 뛰어 넘어 그분의 사랑의 계획을 볼 수 있도록 도와줍니다. 또한 당신이 수치 가운데 있었던 때를 포함한 모든 시기에도 하나님은 당신을 사랑하기 멈추지 않으셨다는 것을 보게 합니다. 왜냐하면 그분은 당신 안에서 살기 위해 당신을 창조하셨기 때문입니다. 당신이 그분께 죄를 범했음에도 불구하고, 그분의 사랑은 그분으로 하여금 당신을 구원하고 그분께 되돌리기 위한 방법을 찾게 했습니다. 그분이 지불하신 값은 그분께서 당신을 가치 있는 존재로 믿는다는 것을 증명합니다.

지금껏 그 누구도 당신에게 당신이 하나님께 얼마나 귀한 존재인지, 그분이 당신을 대신하여 값을 치르기 위해 그분의 아들을 내어 주셨다는 것을 말해주지 않았을지도 모릅니다. 그동안 당신의 양심이 당신을 정죄했습니다. 설교자들이 당신을 협박하고 겁을 주었습니다. 당신의 습관과 삶의 방식이 당신을 넘어지게 했습니다. 그동안 혼자였거나, 의기소침했거나, 죄의식 가운데 살았을 수도 있습니다.

지금 하나님께서 말씀하십니다

지금 하나님의 사랑의 음성이 당신이 창조된 대로 풍성한 삶을 누리게 하기 위해 그분 안에서의 당신의 근원, 성공을 위해 계획된 당신의 삶, 당신을 속량하기 위한 하나님의 사랑의 계획을 상기시키며 세워주고 있습니다. 자신에게 고정된 눈을 들어 하나님을 바라보십시오. 당신의 존귀함과 가치를 발견하십시오. 당신의 심령이 새로운 소망으로 뛰게 하십시오. 그리고 이렇게 고백하십시오.

나는 하나님께서 내 안에 계시기를 원합니다. 나는 위대함을 위해 창조되었습니다. 나는 나를 복음으로 이끄시고 내가 하나님의 최고의 작품임을 알려주는 친절한 사랑의 음성에 반응합니다. 이것이 내가 창조된 목적에 걸맞는 좋은 인생입니다. 이것이 내가 하나님의 최고를 삶에서 누려가는 방식입니다.

나는 쓸모없는 사람이 아닙니다. 하나님께서는 나를 속량하기 위해 지불하신 값만큼 나를 가치 있게 여기십니다. 그분께서 나를 창조하셨기 때문에, 나에게 존귀함을 주시고 자부심을 갖게 하십니다. 하나님께 감사를 드립니다. 나는 특별한 사람입니다. 이제 나는 하나님의 가치관의 중요한 원리를 발견하는 것이 왜 꼭 필요했는지 이해합니다.

나의 가치
(60초)

나는 귀합니다. 왜냐하면 나는 하나님과 같은 존재로 창조되었기 때문입니다.

나는 중요합니다. 왜냐하면 하나님의 계획에 동참한 자이기 때문입니다.

나의 유산은 하나님의 최고를 소유하며, 그분과의 교제를 누리고, 나 자신과 다른 사람들을 위해 하나님의 부요와 능력을 사용하는 것입니다.

나는 생명, 사랑, 능력, 부요, 성공, 존귀함을 위해 창조되었습니다.

위대함의 씨앗이 내 안에 있습니다. 하나님께서는 나를 별 볼 일 없는 사람으로 창조하지 않으셨습니다. 하나님께서는 나를 특별하고 중요한 사람으로 창조하셨습니다.

그러므로 나는 하나님께서 그분의 삶의 방식을 따라 살도록 계획하신 나의 가치를 인식합니다. 이제 나는 하나님께서 그분의 자녀인 나에게 최고의 삶을 예비하셨다는 것을 압니다.

이제 나는 더 이상 하나님께서 그분의 형상을 따라 창조하시고 귀하게 여기시는 존재를 의심하거나 낮게 여기거나 파괴하지 않겠습니다.

나는 하나님의 친절한 음성을 받아들입니다. 그분은 나의 신성한 근원, 고귀한 부르심, 내가 그분의 최고를 성취하고 누리고 나눌 수 있도록 도우시는 그분의 사랑의 계획을 상기시켜 주십니다.

T. L. 오스본 박사

나는 하나님의 사랑의 음성을 들었습니다.

나는 그분의 생명을 내 안으로 받아들입니다.

나는 앞으로 절대 하나님께서 귀하게 여기시는 것을 파괴하지 않겠습니다.

나는 하나님께 받아들여졌습니다.

나는 내 자신을 볼 때 하나님의 형상으로 봅니다.

나는 평안 가운데 있습니다.

18장

당신이 발견한 것들을
하나님께 말씀 드리십시오

위대한 예술가이신 하나님께서 당신의 최고의 잠재력이 발견될 때까지 조각하실 수 있도록 허락하십시오. 하나님께서 바라보시는 대로 자신을 바라보십시오. 당신을 비추는 무한한 가능성을 바라보십시오.

당신은 승리하는 팀의 일원입니다. 당신과 하나님이 함께 하는 것을 막을 수 있는 것은 아무것도 없습니다. 하나님께 당신이 그분의 계획의 일원이 되기로, 그분이 당신에게 두신 가치를 받아들이기로, 당신 안에서 또 당신을 통해 그분께서 사시는 것을 환영하기로 결단했다는 것을 말씀 드리십시오. 이렇게 말하십시오.

오 주님, 저는 당신이 제 손에 들어오게 하신 이 책을 통해 당신의 사랑의 음성을 들었습니다.

이 책을 통해 저에게 말씀하셨다는 것을 믿으며, 저는 당신이 제가 되기 원하시는 모습대로 살기 원합니다.

저는 인생에서 당신의 새로운 가치관을 발견했습니다. 저를 얼마나 가치 있게 여기시는지 증명하기 위해 지불하신 놀라운 값에 대해 배웠습니다. 하나님의 아들의 생명이 희생되었고, 그 아들의 피로 말미암아 제가 깨끗하게 되었습니다(롬 5:8-9).

주님, 저는 당신을 믿습니다. 당신의 새로운 생명을 받아들입니다. 저를 너무도 귀하게 여기셔서 제가 죄 가운데 죽도록 내버려두지 않으신 것을 감사 드립니다. 저를 새로운 피조물로 만드신 그 능력에 감사드리며, 이제 저는 당신이 제 속에 거처를 삼아 사시는 것을 환영합니다.

예수 그리스도의 피가 저를 깨끗하게 합니다(요일 1:7). 그분의 생명이 저를 거듭나게 합니다(벧전 1:23). 그리스도의 기쁨이 저를 충만하게 합니다(요 15:11, 16:24). 저는 무한한 가치를 지닌 사람입니다(벧전 1:7). 저를 사랑해주셔서 감사합니다. 저는 당신의 것입니다(요 6:37).

저의 몸을 당신의 성전으로 삼아 주셨습니다. 저는 구원받았고 용납되었습니다. 저는 저의 삶을 통해 당신을 나타내도록 하나님의 왕국으로부터 임명 받았습니다(고전 6:19-20).

저는 다른 사람들만큼 당신에게 귀한 존재입니다. 다른 사람들만큼 당신의 눈에 아름답습니다. 저는 당신의 본성을 가지고 있습니다. 저는 사랑받는 자입니다. 저는 다른 사람들을 사랑할 수 있습니다. 제가 다른 사람에게 무엇을 심든지 그대로 수확합니다(갈 6:8).

제가 당신의 계획에 동참하게 해주셔서 감사합니다. 저에게는 그 누구도 대신할 수 없는 자리가 있습니다(엡 2:10).

저는 더 이상 스스로를 정죄하지 않을 것이며, 당신이 귀하게 여기는 존재를 망가뜨리지 않겠습니다(행 10:15).

이제 저는 당신에게 받아들여졌습니다. 저는 당신의 일들을 할 수 있습니다. 저는 거듭났습니다. 저는 새로운 피조물입니다. 저는 제가 추구하던 옛 가치들에 대해 뉘우칩니다. 저는 제 자신과 다른 사람들에 대한 마음을 바꿉니다. 당신이 얼마나 인생을 귀하게 여기는지 아는 것은 저로 하여금 사람들에 대한 새로운 관점을 가지게 합니다.

주님, 저는 새로운 관점으로 당신을 바라봅니다.

당신이 보는 대로 다른 사람들을 바라봅니다. 제 자신을 당신의 형상으로 바라봅니다. 당신과 함께 할 때 저는 결코 실패할 수 없습니다. 아버지, 당신에게는 모든 것이 가능합니다(막 14:36). 주님, 이제 당신이 제 안에 사심을 감사드립니다. 예수님의 이름으로 기도합니다. 아멘.

19 장

기독교의 임무
오스본 미니스트리의 회고

    기독교의 지구상의 사명은 전 세계 모든 피조물에게 그리스도와 그분의 부활을 증거하는 것입니다(막 16:15). 사도 바울은 이 열정으로 사로잡혔습니다.

    그는 "누구든지 주의 이름을 부르는 자는 구원을 받으리라", "네가 만일 네 입으로 예수를 주로 시인하며 또 하나님께서 그를 죽은 자 가운데서 살리신 것을 네 마음에 믿으면 구원을 받으리라 사람이 마음으로 믿어 의에 이르고 입으로 시인하여 구원에 이르느니라"라고 했습니다.

    그리고 바울은 이러한 기독교의 지구적인 사명을 묘사하는 중추적인 질문을 합니다.

    "그런즉 그들이 믿지 아니하는 이를 어찌 부르리요 듣지도 못한 이를 어찌 믿으리요 전파하는 자가 없이 어찌 들으리요 보내심을 받지 아니하였으면 어찌 전파하리요 기록된 바 아름답도다 좋은 소식을 전하는 자들의 발이여 함과 같으니라"(롬 10:14-15).

영혼들을 향한 한 가족의 추구

T. L. 오스본과 데이지 오스본은 50년 이상 전 세계에 걸친 사역들을 함께 해왔습니다. 이 부부의 삶은 기독교의 지구상의 사명을 예증하는 것이었는데, 이는 어둠 속에 살고 있는 이들에게 자원하여 복음의 빛을 전하려고 애썼던 바울에게 동기를 부여했던 바로 그 열정과 헌신을 보여주었습니다(고후 4:6, 행 26:18).

데이지 박사는 1995년 5월 27일 새벽 2시 53분 이 땅의 사역을 마감했습니다. 그러나 오스본의 세계적인 사역은 T. L. 오스본과 그의 딸 라도나 박사에 의해 이어지고 있습니다. 라도나 박사는 아버지와 함께 설교와 병자들을 위한 사역, 그리고 가르침을 통해 그들의 전 세계 집회와 해외 기적의 삶 세미나를 지속하고 있습니다.

오스본 인터내셔날Osborn International의 최고 경영자이자 부회장인 라도나의 전문적인 지식은 광활한 땅의 러시아, 불어권 아프리카, 유라시아(구소련의 독립국들),

세계에서 가장 큰 나라 중국, 그리고 인터넷을 통한 www.osborn.org 등 새로운 영역으로의 확장을 가능하게 했습니다.

80개 이상의 나라들에서 수백만의 사람들에게 그리스도를 전한 오스본의 전 세계 사역의 회고가 이 책에 실린 것은 젊은이들로 하여금 복음의 횃불을 건네받아 온 세계에 그리스도의 메시지를 전달하게 하기 위해서입니다(막 16:15).

대규모 기적의 전도

하나님께서는 초대 교회 사도들 이후로 나타나지 않았던 대규모 기적의 전도라는 사도적인 사역을 다시 시작하시기 위해 어떤 알 수 없는 이유로 T. L. 오스본과 데이지 오스본을 영적으로 준비하게 하셨습니다.

1945년 선교사로 인도에 들어간 후 이슬람교도들과 힌두교도들에게 그리스도를 납득시키는 것이 불가능하다는 것을 알게 된 오스본 부부는 비기독교 국가의 사람들로 성경을 믿게 하려면 그들에게 기적으로 복음이 증명되고 예수님께서 지금 이 세대에 살아 계시다는 증거를 보여야 한다는 것을 깨달았습니다.

T. L. 오스본과 데이지는 당시 성경적인 기적에 대해 이해하지는 못했기 때문에, 예수 그리스도를 믿어 구원에 이르도록 사람들을 인도하지는 못했습니다. 그들은 낙담하여 미국에 돌아오긴 했지만, 단념하지는 않았습니다. 그들은 예수님 당시에 그리고 초대 교회 당시에, 이사와 기적과 표적들의 나타남은 비기독교 지역에 그리스도의 메시지를 성공적으로 전하는데 필수적인 요소였음을 믿었습니다.

"이스라엘 사람들아 이 말을 들으라 너희도 아는 바와 같이 하나님께서 나사렛 예수[그분 자신이]로 큰 권능과 기사와 표적을 너희 가운데서 베푸사 너희 앞에서 그를 증언하셨느니라"(행 2:22).

주님께서는 오스본과 데이지에게 나타나셔서 열방을 향한 그들의 생애를 준비하게 하셨습니다. 그들이 성경적인 치유의 기적들을 위한 믿음을 그들의 마음속에 세웠던 성경의 진리들을 발견하던 생기 넘치는 배움의 기간 동안 예수님은 그들에게 각각 다른 시간에 나타나셨습니다.

비기독교 국가에서의 대규모 기적의 전도의 선구자로서 이끌던 오스본 부부의 사역이 시작된 것은 산업화를 이룬 나라들이 이른바 제3세계를 지배하고 식민화하던 시절이었습니다. 이제 막 깨어난 제3세계들이 외세의 정치 지배를 거부하던 위험한 민족주의의 시절에 그들은 거대한 야외 캠페인을 시작했고 20,000명에서 300,000명에 이르는 청중들에게 복음을 전했습니다.

행동으로 옮긴 그들의 사도적인 사역의 영감을 통해 수만 명의 그 나라 남자들과 여자들이 그들의 제한된 과거로부터 일어나 신선하고 역동적인 믿음을 가지고, 오늘날 아직 복음이 전해지지 않은 사람들을 위한 복음 사역자들이 되었습니다. 그들 중 많은 사람들이 이 세대의 가장 훌륭하고 성공적인 기독교 지도자들로 꼽힙니다.

하나님이 택하신 한 쌍

타미 리 오스본Tommy Lee Osborn과 데이지 마리 워쉬번Daisy Marie Washburn은 1942년 4월 5일, 각각 17세와 18세의 나이로 캘리포니아 로스바노스에서 결혼했습니다. 그들이 인도에 선교사로 나갔을 때는 각각 20세, 21세였습니다. 1949년에는 "믿음의 소리 미니스트리The Voice of Faith Ministry"를 설립하였으며, 나중에 오스본 재단Osborn Foundation으로 이름이 바뀌었다가, 결국 "국제 OSOFOSOF International"이라는 약자로 불리게 되었습니다(Osborn International 이라고도 알려져 있음).

그들 삶의 열정은 이와 같습니다: 예수 그리스도의 복음을 전 세계의 모든 사람들에게 전하고 보급하는 것.

그들의 신조 : 복음을 한 번도 들어보지 못한 사람들이 있는 한 복음을 들은 곳에 반복해서 전하지 않는다.

그들의 좌우명 : 오직 한 가지 길 – 예수, 오직 한 가지 일 – 전도.

그들의 기준 원칙 : 모든 그리스도인 성도 – 그리스도의 증인.

세계 복음화의 개념

오스본과 데이지가 함께 팀을 이루어 전도하던 전례 없는 기간 동안, 그들은 복음이 아직 미치지 않은 곳에 복음을 전하고자 수많은 프로그램들을 정식으로 시작했습니다. 자국민 선교사를 돕는다는 그들의 개념은 이미 30,000명이 넘는 자국민 설교자들을 전임 사역자로 후원하여 이전에 복음이 미치지 못했던 그들 자신과 이웃의 종족들과 마을들에 복음을 전하도록 하고 있습니다.

오스본 목사님의 전도지는 132개의 언어로 출판되어

있습니다. 그들은 기적 집회를 찍은 필름, 카세트테이프, 비디오테이프, 성경 공부와 대중 전도를 위한 성경 과정 등의 많은 재료들이 70개 이상의 주요 언어들로 번역되어 있습니다.

그들은 전 세계에 걸친 복음 선교와 기독교 일꾼들을 위한 영혼구원 도구들의 항공편 또는 배편 수송 수단을 제공하고 있습니다.

그들은 필름, 영사기, 스크린, 발전기, 대중연설 장비, 카세트테이프와 오디오, 그리고 132개 언어로 되어 있는 어마어마한 양의 전도지를 구비한 수십 대의 사륜구동 지프차를 전 세계의 복음화를 위해 마련해 두었습니다.

오스본과 데이지의 삶은 끊임없는 자기훈련의 시간들이었습니다. 오스본 목사님은 늘 식습관을 억제해왔으며, 운동은 매일의 일과였습니다. 그는 "우리에게는 오직 단 하나의 몸 밖에 없습니다. 그것은 성령님의 전이며, 하나님의 말씀은 우리가 할 수 있는 한 그것을 깨끗하게 유지해야 한다는 것을 분명히 밝히고 있습니다."라고 말해왔습니다.

오스본 부부는 늘 시간을 쪼개 그들에게 영향을 끼친 진리들을 글로 적어, 그들이 개인적으로는 전혀 알지 못하는 수백만의 사람들에게 나누고자 했습니다.

복음의 출판

데이지 박사의 다섯 가지 주요 책들은 기독교 서적 중에서 전례가 없는 것들입니다. 그것은 남성과 여성 모두에게 끊임없이 다가가는 포괄적인 언어를 사용한 선구자적인 예입니다. 그녀의 긍정적인 집필 성향은 믿는 자들로 하여금 그들의 정체성, 고귀함, 동등함, 최우선, 그리고 숙명 등을 하나님의 속량의 계획 안에서 발견하는 것을 돕는 것에 초점을 맞추고 있습니다.

오스본 목사님은 20개 주요 서적을 집필했습니다. 그의 첫 번째 책인 『Healing the Sick』은 1950년에 쓰였습니다. 이 책은 세계에 파고들어 많은 국가의 신학교 교과서로 사용되고 있습니다. 이제 이 책은 46번째 판으로 추가되고 보충되었습니다.

출판사는 『Healing the Sick』을 살아있는 고전이라고 부릅니다. 이 책은 1950년 이후로 줄곧 베스트셀러로 믿음을 세우고 있습니다. 백만 부가 넘게 인쇄되었으며, 최근에는 중국을 위해 만다린으로 번역되기도 했습니다. 이 책은 체포와 투옥의 위험에도 불구하고 증거하고 있는 지하의 그리스도인들을 통해 광활한 그 땅에 이미 널리 퍼져있습니다.

오스본 부부는 512페이지에 달하는 『T. L. 오스본과 데이지의 복음』이라고 제목 붙여진 고전적인 기록을 공동으로 집필하기도 했습니다. 이 책은 그림처럼 생생한 그들의 사역에 관한 보고입니다. 이와 같은 책은 전에 출판된 적이 없습니다.

그들은 아마도 역사상 어떤 부부보다 비기독교 국가에서 더 많은 영혼들을 구원하여 그리스도께 인도했으며, 군중들 가운데서 나타난 치유의 기적들이 누구보다도 더 많았을 것입니다. 오스본 목사님은 이것이 어떤 뛰어난 믿음으로 말미암은 것이 아니라, 단지 그들이 아주 젊을 때부터 사역을 시작하여 오랜 세월 동안 수많은 나라들의 거대한 청중들에게 지속적으로 복음을 선포해왔기 때문이라고 역설합니다.

전 지구적인 영웅담은 계속됩니다

반세기가 넘도록 오스본 목사님과 데이지는 함께 73개국의 수백만의 사람들에게 복음을 선포했습니다. 그들이 탄생시킨 전도에 관한 성경적인 프로그램들과 개념들은 지금도 여전히 우리의 세계에 전례 없는 충격을 주고 있습니다.

오스본 목사님은 이제 나이가 많지만, 그의 세계적인 사역은 21세기에도 여전히 줄어들지 않았습니다. 데이지의 소천 후에도 오스본 목사님은 전 세계에 복음을 전하는 집회를 꾸준히 열어왔고, 그의 딸 라도나 박사는 영혼을 구원하는 사역과, 설교하고 가르치는 사역, 그리고 교회의 지도자들을 세우는 사역을 모든 대륙에 확장해 왔습니다.

오늘날 오스본 부부의 기름부음 받은 딸 라도나 박사는 전 세계에 이르는 전도활동의 주도자가 되었습니다. 그녀의 설교와 가르침과 기적의 역사들은 열방에 복음을 선포하고 있으며, 본국과 외국의 교회 지도자들에게 국제적인 영향을 미치고 있습니다.

오스본의 딸 라도나 박사는 현재 복음의 횃불을 이 시대의 새로운 개척자들에게 전해 왔으며, 중국, 러시아, 불어권 아프리카, 전에는 공산주의였던 유라시아의 나라들 같이 복음이 거부되는 곳에 초점을 맞추고 있습니다.

라도나의 독특한 내력

라도나에게 주어진 유산은 매우 독특합니다. 그녀는 어린 시절부터 세계 복음화에 동참해 왔습니다. 그녀의 삶은 그녀가 할 수 있는 한 더 많은 나라와 문화의 모든 사람들에게 그리스도의 기쁜 소식을 나누고자 하는 열정 그 자체입니다.

그녀는 인도 캘커타에서 잉태되어 미국 오레곤 주의 포틀랜드에서 태어났습니다. 그녀가 기억하는 최초의 대규모 기적 집회는 1949년 자메이카의 킹스톤과 푸에르토리코의 폰스의 집회였습니다.

그녀는 1951년 쿠바의 카머구와에서 스페인어를 배웠고, 베네주엘라 바르케세메토에서 학교에 다니기 시작했습니다. 그녀가 처음으로 예수님을 개인적으로 영접한 것은 그녀가 7세 때인 1953년 칠레의 산티아고에서였습니다. 그녀의 첫 번째 선교여행은 1954년 배를 타고 남아메리카 아르헨디나에서부터 인도네시아 자바의 자카르타까지 여행한 것이었습니다. 같은 해에 자카르타와 수라바야에서 그녀는 문둥병자가 기적적으로 치유받는 광경을 처음으로 목격하게 되었습니다.

라도나는 1955년 미국에서 성령으로 세례를 받고, 1956년 복음을 위한 사역으로 태국 방콕으로 부르심을 받았습니다. 1956년 서부아프리카 가나에서 처음으로 설교를 하게 됩니다. 1958년 프랑스 렌에서 집시 목사로부터 물로 세례를 받았으며, 운전하는 법을 배운 것은 1958년 네덜란드의 헤이그에서였습니다.

그녀에게는 1959년 서부아프리카의 토고에서 나타난 그리스도의 능력이 그녀가 기억하는 최초의 축사의 광경이었습니다. 그녀가 처음으로 사역을 도와 녹음과 사진 촬영을 맡게 된 것은 1961년 이집트 카이로와 잠비아와 짐바브웨, 그리고 남아프리카에서였습니다. 그녀는 1963년 영국 버밍햄에서 결혼했으며, 그녀와 그녀의 남편은 오스본 일가로서 많은 나라들에서 함께 사역하고 있습니다.

두 가지 사명

1987년, 주님께서는 라도나를 찾아오셔서 그녀를 목회자로 부르셨습니다. 1989년 1월 9일, 그녀는 털사에 있는 국제 복음 센터의 공식적인 목사가 되었습니다. 그녀가 교회를 인도하는 동안 그녀의 초점은 잃어버린 영혼들을 구원하여, 변화된 그리스도인 각 사람이 모두 그리스도의 효과적인 증인으로 세워지는 것에 있었습니다. 이러한 두 가지 사명은 세계 복음화 사역과 국제적인 교회 지도력이 결합된 방식으로 그녀의 삶과 사역을 만들어 왔습니다.

그녀는 오스본 목사님과 데이지가 1949년에 설립한 세계선교사협회인 '국제 오스본Osborn International'의 최고 경영자이자 부회장인 동시에, 오클라호마 털사에 본부를 두고 있으며 200 이상의 목회자들과 교회들의 네트워크인 '국제복음센터협회IGCFCM'의 설립자이자 감독이기도 합니다.

그녀는 은사주의교회국제연맹ICCC의 감독 이사의 한 사람으로서, 전 세계 모든 대륙에 걸쳐 7,000명의 목회자들과 9,000개의 교회들, 그리고 천만 이상의 신자들을 대표하고 있습니다.

라도나는 그리스도께서 그분의 교회에 주신 두 가지 사명을 이렇게 구체화시켰습니다.

(1) 사람들을 주님께 데려오는 것.
(2) 주님을 사람들 안에 세우는 것.

그녀는 말합니다. "예수님의 열정이 그분으로 하여금 십자가에 오르게 했습니다. 이제 그분의 열정은 우리를 잃어버린 영혼에게로 인도하고 있습니다."

영혼들을 향한 열정

세계적인 전도자로서, 사람들로 하여금 그리스도

안에서 그들의 목적이 무엇인지 발견하도록 돕고자 하는 라도나 박사의 열정은 그녀로 지구상의 먼 구석구석으로 그녀를 이끕니다. 그곳에서 그녀는 명쾌하고 담대하게 설교하고 가르치며 따르는 기적들로 말씀을 확증하고 있습니다.

목사로서, 사람들로 하여금 헌신하여 그리스도를 대신하도록 그들을 세우고자 하는 그녀의 열정은 그녀로 속량의 진리들을 가르쳐 삶을 변화시키는 사역을 하게끔 동기를 부여합니다. 이 진리들은 그리스도 안에서 믿는 자들의 잠재된 역량을 끌어올리게 됩니다.

그녀 자신의 인맥으로만 200이 넘는 교회들과 목회자들을 돌보는 감독으로서 - 그리고 ICCC나 다른 기구들에서의 활동까지 추가하여 - 그녀의 열정은 기독교 지도자들로 그들의 세계를 향한 하나님의 비전을 붙잡도록 돕고자 하는 것입니다. 이 열정은 그녀로 하여금 고국과 외국의 교회들 안에서 새로운 삶과 성경적인 행동의 씨앗을 뿌리는 사도적인 지도력을 갖도록 합니다.

라도나의 독특한 스타일과 폭넓은 식견은 그리스도의 몸에게 주신 뜻 깊은 선물로서 추구되어지는 것들입니다. 그것은 교회로 하여금 사람들이 있는 저 밖에서 행동하는 그리스도의 몸이 되도록 도전을 주는 것입니다.

속량에 관한 그녀의 유명한 가르침이 새 신자들을 정착시키고, 그리스도가 중심인 역동적인 사역을 할 수 있도록 교회 지도자들을 훈련하는데 가장 실제적이고 중요한 교재라는 것은 이미 널리 인정받은 바입니다.

그녀가 어디서 사역을 하건, 치유의 기적들은 그녀의 사역을 눈에 띄게 만들고, 그녀와 함께 계신 그리스도께서 지금 살아계신 것을 보여줍니다.

그녀가 소개하는 복음은 성경 메시지를 모두 아우르는 것으로, 고국은 물론 외국의 대중들과 교회 모두로부터 정평이 나 있습니다.

사도 바울처럼, 라도나는 말합니다. 내가 복음을 부끄러워하지 아니하노니 이 복음은 모든 믿는 자에게 구원을 주시는 하나님의 능력이 됨이라(롬 1:16).

균형의 모델

21세기 교회 지도자 모임에서의 라도나 감독의 역할은 사도들의 사역이 현대로 계승된 것입니다. 그녀는 복음 전도와 교회의 가르침이라는 기본적인 사실에서 균형 잡혀있는 좋은 모델입니다.

그녀는 교회와 그 지도자들로 하여금 교회의 사명은

바로 세계의 모든 민족들에게 그리스도의 메시지를 나누는 것이라는 사실을 상기시키는 선지자적인 목소리입니다. 그녀는 구원받은 모든 영혼은 그들이 하나님의 은혜 안에서 성장할 수 있고, 그리스도가 중심인 사역을 위해 훈련받을 수 있는 지역 교회로 인도되어야만 한다고 믿고 있습니다.

라도나 박사의 사역에 관한 행동 원리는 다음과 같습니다.
(1) 그리스도 안에 사람을 세운다.
(2) 그리스도를 사람들 안에 세운다.

그녀는 모든 믿는 자들은 육체 안에 살고 있는 그리스도의 생명과 사랑이라는 것을 주장합니다.

그녀는 이렇게 믿고 있습니다. 세상은 교회의 심장이다. 그리고 교회는 세상의 소망이다. 그녀는 세상이 없는 교회는 무의미하며, 교회 없는 세상은 희망이 없다는 것을 강력하게 주장합니다.

무한한 사역

전도 : 세계적인 사역이 자리를 잡으면서, 그녀는 반세기가 넘도록 그녀의 부모님이 가졌던 복음의 횃불이

앞으로도 계속 그녀의 생애를 통하여 전 세계를 비추어야 한다고 결심했습니다.

하나님의 여인 : 여성으로서 그녀는 하나님의 왕가에 속한 어떤 딸들보다 더 담대하게 복음의 횃불을 들겠노라고 결심했습니다. 그녀는 교회의 낡은 전통에 제한 받지 않는 하나님의 여인의 모습을 구현했습니다. 그러므로 그녀의 예는 전 세계의 믿는 여성들 수천 명에게 선구자적인 역할을 하며 영감을 주고 있습니다.

교회 지도력 : 교회 지도자로서의 역할을 감당하면서 그녀는 자신의 독특한 유산을 깨달았고, 부모님과 함께 사역한 수십 년 동안 배운 비밀들을 나누기로 했습니다.

그녀의 열정은 이러한 필수적인 지식들을 곳곳의 목회자들과 지도자들에게 전수하여 그들을 이렇게 돕는 것입니다.

(1) 고통 받는 우리 세계를 하나님의 관점으로 바라보도록

(2) 현재 21세기에도 예수 그리스도가 살아 계시며 성경이 진리라는 사실을 어떻게 비그리스도인들에게 확신시키는지 발견하도록

식민지주의 – 민족주의 – 전도

라도나 오스본 박사는 세계 복음화의 사역을 잘 알고 있습니다. 그녀는 식민지주의 시대부터 민족주의의 험난한 세월을 거쳐, 과거 '제 3세계 선교지'라고 일컬어지던 지역에서 자국민 목회자에 의해 지구상에서 가장 큰 교회가 세워진, 전도와 자국민 교회 성장의 세기에까지 이르도록 전 세계 영혼 구원의 최전방에서 살아왔습니다.

그녀의 영적 통찰력과 성경적 지식은 함께 맞물려 그녀의 속량에 대한 가르침은 단지 사도적이거나 성경적일 뿐 아니라, 또한 역동적이어서 목회자들과 지도자들, 그리고 복음의 일꾼들에게 큰 영향력을 미치고 있습니다.

그녀는 일정이 허락하는 한 아버지 T. L. 오스본과 함께 대규모 전도 집회나 기적의 삶 세미나 등을 섬기고 있습니다. 그녀는 집회의 설교를 맡거나 대규모 집회에서 병든 자들을 치유하며, 세미나의 가르침을 통해 수천 명의 교회 지도자들과 목회자들, 신학교 학생들과 복음의 일꾼들에게 새로운 믿음과 소망과 사랑 그리고 생명을 전하고 있습니다.

그리스도인의 사명

오스본의 사역은 국제적인 영향력과 더불어 영혼 구원을 위한 도구들과 프로그램들을 비축함으로써 사도적인 사역에 헌신하여 이 시대의 복음 사역자들과 사람들이 다음과 같은 사실들을 알게 되도록 도울 것입니다.

(1) 성경은 과거에 그러했던 것처럼 지금도 권위가 있다.
(2) 모든 믿는 자들의 사명은 잃어버린 영혼들을 그리스도께 인도하는 것이다.
(3) 구원받은 영혼들은 모두 그리스도의 대리인이 될 수 있다.
(4) 기적과 표적과 이사들은 계속되어 기독교가 또 하나의 종교 따위들과 구별될 것이다.

이러한 항목들은 기독교의 지구상의 사명의 본질을 이루고 있는 것들입니다.

방대한 양의 글모음

데이지 오스본 박사의 생애 마지막 2년 동안 그녀와 T. L. 오스본 박사는 그들의 생애와 사역의 기록들을 모아 정리하여 책으로 만들었습니다. 그 책은 반세기가 넘는 세월에 걸쳐 전 세계 교회와 선교 정책의 큰 변화에 영향을 미친 행동하는 성경적인 믿음에 관한 세계 전도의 역사를 모은 기념비적인 작품이 되었습니다.

이 독특하고 역사적인 연대기는 복음의 선포 뿐 아니라 성경의 시대와 마찬가지로 표적과 기적과 이적들로 확인되어진 증거들을 담고 있습니다.

전부 합쳐 24권으로 되어있으며, 각 권이 거의 1,000페이지에 달하는 거대한 책들로 구성되어 있습니다. 이를 책꽂이에 꽂으면 그 폭이 약 6자를 차지하게 되며, 22,954페이지에 달하는 전도의 역사, 30,946페이지에 달하는 74개국 집회의 사진들이 실려 있습니다. 이 밖에도 100개가 넘는 나라의 사역자들과 그리스도인들에게 무료로 우송되던 잡지 'Faith Digest'의 636개 견본, 202권의 오스본 저서들에 관한 다양한 언어의 간추린 내용들, 15개의 생생한 역사 출판물들, 2,204페이지에 이르는 오스본 목사님과 데이지의 자필로 쓰인 일기들, 1,011페이지에 달하는 오스본 가족의 소식지들, 1,062페이지에 달하는 오스본의 세계적인 사역들에 관한 출판되지 않은 기록들, 2,516페이지에 달하는 세계 선교 보고서들, 6,113페이지에 달하는 기독교 사역 논문들 등이 실려 있습니다.

후세를 위하여 세계적인 기적의 전도에 관한 기록이 이렇게 출판된 것은 기독교 문학 역사상 처음 있는 일입니다.

캘빈, 루터, 웨슬리, 스펄전, 피니, 무디, 그리고 많은 사람들이 그들의 방대한 책들, 설교들, 자서전들, 그들 사역의 역사들, 그리고 조직 신학의 책들을 출판했습니다. 그러나 그들 중 어떤 것도 이 역사적 기록이 갖는 3가지 요소들을 갖지는 못했습니다.

1. 세계 선교로의 도전
2. 치유 기적들의 역동성
3. 확실한 증거 사진

오스본 목사님과 데이지가 자유세계를 누비며 사역하던 동일한 시대의 70년 동안 마르크스-레닌 공산주의자들은 러시아와 다른 여러 공화국들을 지배했습니다. 공산주의가 하나님을 신화에나 나오는 존재로, 종교를 아편으로 비웃던 그 수십 년의 세월 동안 일어났던 수만 건의 성경적인 이적들이 24권으로 된 이 책에 증거로 남아 있습니다.

마르크스와 레닌은 틀렸습니다. 이 거대한 24권의 책에는 약 24,000페이지에 달하는 전 세계 증인들의 증언이 실려 있습니다. 그들은 하나님이 실재하시며, 그리스도께서 살아 계심을, 그리고 성경은 오늘도 앞으로도 진리라는 것을 증거하고 있습니다.

이 거대한 양의 책들은 예수 그리스도는 어제나 오늘이나 영원히 동일하시다는 주목할 만한 기록을 품고 현재 역사 기록 보관소에 보관되어 있습니다. 그 책들은 옛 성경 구절들을 오늘날 우리 사회에 그림으로 그려 주며, 역사적 믿음이 오늘날도 유용하다는 사실을 전해 주고 있습니다.

이 책들은 영국의 캠브리지 대학교, 모스크바 대학교의 레닌 도서관, 미국의 오랄로버츠 대학교ORU와 리젠트 대학교, 우크라이나와 불가리아의 국립 도서관, 케냐, 우간다, 나이지리아, 핀란드, 브라질의 국립 대학교 등과 같은 세계의 저명한 대학교나 연구기관 등의 도서관에, 교단 본부의 도서관에, 주요 성경 학교들이나 교회들의 도서관에, 교계를 선도하는 목사님들과 유명한 평신도들의 서재에, 그리고 다른 저명한 연구기관 등에 가능한 한 가장 빠르게 볼 수 있도록 비치되고 있습니다.

전도의 역사를 담은 이 책들은 이 시대와 다음 시대에도 성경적인 믿음이 계속되리라는 확신을 갖도록 돕고 있습니다. 그 책들은 영적인 보물들로 이루어져 있으며,

성경이 기록될 당시의 상황과 동일한 신뢰성을 보이며 이천 년 전과 동일한 충격으로 현재의 이 시대의 상황에서 벌어지는 성경의 진리들을 보여주고 있습니다.

오스본 일가가 세계적으로 저명한 연구기관에 이 책들을 소장하도록 했을 때, 그들은 오늘날의 학계나 신학생들에게, 또한 앞으로 올 세대들에게도 마찬가지로, 그 결정이 결국 좋은 땅에 좋은 씨를 뿌리는 것이고 결국 좋은 결실을 거둘 수밖에 없음을 믿고 있었습니다.

라도나에 관하여 그리고 자기 자신을 가리켜 오스본 목사님은 바울의 말을 인용합니다.

우리가 주 예수께 받은 사명은 곧 하나님의 은혜의 복음을 증언하는 일이며(행 20:24), 그것은 너희 지역을 넘어 복음을 전하려 함입니다(고후 10:16).

오스본 일가의 간증은 요한의 말로 가장 잘 표현됩니다.

우리는 하나님의 말씀과 예수 그리스도의 증거 곧 우리가 본 것을 다 증언하였습니다(계 1:2). 우리는 이 일들을 증언하고 이 일들을 기록합니다. 우리는 우리의 증언이 참된 줄 압니다(요 21:24).

믿음의말씀사 출판물

구입문의 : 031-8005-5483 http://faithbook.kr

■ 케네스 해긴의 「믿음 도서관」 책들
- 새로운 탄생
- 재정 분야의 순종
- 나는 지옥에 갔다 왔습니다
- 하나님의 처방약
- 더 좋은 언약
- 예수의 보배로운 피
- 하나님을 탓하지 마십시오
- 네 주장을 변론하라
- 셀 모임에서 성령인도 받기
- 안수
- 치유를 유지하는 법
- 사랑은 결코 실패하지 않습니다
- 하나님께서 내게 가르쳐 주신 형통의 계시
- 왜 능력 아래 쓰러지는가?
- 다가오는 회복
- 잊어버리는 법을 배우기
- 위대한 세 단어
- 하나님의 은사와 부르심
- 그 이름은 "놀라우신 분"
- 우리에게 속한 것을 알기
- 성령을 받는 성경적인 방법
- 하나님의 영광
- 은혜 안에서의 성장을 방해하는 다섯 가지
- 사랑 가운데 걷는 법
- 바울의 계시: 화해의 복음
- 당신은 당신이 말하는 것을 가질 수 있습니다
- 그리스도 안에서
- 말
- 방언기도의 능력을 풀어 놓으라
- 옳은 사고방식 틀린 사고방식
- 속량 - 가난, 질병, 영적 죽음에 값 주고 되사다
- 네 염려를 주께 맡겨라
- 예언을 분별하는 일곱 단계
- 절망적인 상황을 반전시키기
- 당신의 믿음을 풀어 놓는 법
- 진짜 믿음
- 믿음이란 무엇인가
- 그리스도께서 지금 하고 계시는 일
- 충분하고도 넘치는 하나님 엘 샤다이
- 금식에 관한 상식
- 하나님의 말씀: 모든 것을 고치는 치료제
- 가족을 섬기는 법
- 조에
- 당신이 알아야 하는 신유에 관한 일곱 가지 원리
- 여성에 관한 질문들
- 인간의 세 가지 본성
- 몸의 치유와 속죄
- 크게 성장하는 믿음
- 하나님 가족의 특권
- 기도의 기술
- 나는 환상을 믿습니다
- 병을 고치는 하나님의 말씀
- 영적 성장
- 신선한 기름부음
- 믿음이 흔들리고 패배한 것 같을 때 승리를 얻는 법
- 믿음의 선한 싸움을 싸우는 법
- 하나님의 계획과 목적과 추구
- 예수 열린 문
- 믿음의 계단
- 당신을 향한 하나님의 계획
- 역사하는 기도
- 기름부음의 이해
- 내주하시는 성령 임하시는 성령
- 재정적인 번영에 대한 성경적 열쇠들
- 어떻게 하나님의 영으로 인도받을 수 있는가?
- 마이더스 터치
- 치유의 기름부음
- 그리스도의 선물
- 방언
- 믿는 자의 권세(생애기념판)
- 믿음의 양식
- 승리하는 교회

■ E. W. 케년
- 십자가에서 보좌까지 무슨 일이 일어났는가?
- 두 가지 의
- 놀라우신 그 이름 예수
- 하나님 아버지와 그분의 가족
- 나의 신분증
- 두 가지 생명
- 새로운 종류의 사랑
- 그분의 임재 안에서
- 속량의 관점에서 본 성경
- 두 가지 지식
- 피의 언약
- 숨은 사람
- 두 가지 믿음
- 새로운 피조물의 실재

■ 스미스 위글스워스
- 스미스 위글스워스의 천국
- 스미스 위글스워스의 매일묵상
- 위글스워스는 이렇게 했다
- 스미스 위글스워스의 능력의 비밀

■ T. L. 오스본
- 행동하는 신자들
- 기적 - 하나님 사랑의 증거
- 새롭게 시작하는 기적 인생

- 좋은 인생
- 성경적인 치유
- 능력으로 역사하는 메시지
- 100개의 신유 진리
- 24 기도 원리 7 기도 우선순위
- 하나님의 큰 그림
- 긍정적 욕망의 힘
- 당신은 하나님의 최고의 작품입니다

■ 잔 오스틴
- 믿음의 말씀 고백기도집
- 하나님의 사랑의 흐름
- 견고한 진 무너뜨리기
- 초자연적인 흐름을 따르는 법
- 당신의 운명을 바꿀 수 있습니다
- 어떻게 하나님의 능력을 풀어놓을 수 있는가?

■ 크리스 오야킬로메
- 여기서 머물지 말라
- 이제 당신이 거듭났으니
- 당신의 인생을 재창조하라
- 이 마차에 함께 타라
- 그리스도 안에 있는 당신의 권리
- 성령님과 당신
- 성령님이 당신 안에서 행하실 일곱 가지
- 성령님이 당신을 위해 행하실 일곱 가지
- 기적을 받고 유지하는 법
- 하나님께서 당신을 방문하실 때
- 올바른 방식으로 기도하기
- 당신의 믿음을 역사하게 하는 법
- 끝없이 샘솟는 기쁨
- 기름과 겉옷
- 약속의 땅
- 하나님의 일곱 영
- 예언
- 시온의 문
- 하늘에서 온 치유
- 효과적으로 기도하는 법
- 어떤 질병도 없이
- 주제별 말씀의 실재
- 마음의 능력

■ 앤드류 워맥
- 당신은 이미 가졌습니다
- 은혜와 믿음의 균형 안에 사는 삶
- 하나님의 참 본성
- 하나님은 당신이 건강하기 원하십니다
- 영 · 혼 · 몸
- 전쟁은 끝났습니다
- 믿는 자의 권세
- 새로운 당신과 성령님
- 노력 없이 오는 변화
- 하나님의 충만함 안에 거하는 열쇠
- 더 좋은 기도 방법 한 가지
- 재정의 청지기 직분
- 하나님을 제한하지 마라
- 하나님의 뜻을 발견하고 따라가며 성취하라
- 하나님의 참 본성
- 하나님의 최선 안에 사는 법
- 더 큰 은혜 더 큰 은총

■ 기타 「믿음의 말씀」 설교자들
- 성령의 삶 능력의 삶
- 복을 취하는 법
- 주는 자에게 복이 되는 선물
- 믿음으로 사는 삶
- 붉은 줄의 기적
- 당신이 말한 대로 얻게 됩니다
- 예수-치유의 길 건강의 능력
- 성령 안의 내 능력
- 존 G. 레이크의 치유
- 믿음과 고백
- 임재 중심 교회
- 성령충만한 그리스도인의 지침서
- 열정과 끈기
- 제자 만들기
- 어떻게 교회를 배가하는가
- 운명
- 모든 사람을 위한 치유
- 회복된 통치권
- 그렇지 않습니다
- 당신의 자녀를 리더로 훈련하라
- 오순절 운동을 일으킨 하나님의 바람
- 주일 예배를 넘어서
- 신약교회를 찾아서
- 내가 올 때까지
- 매일의 불씨
- 여성의 건강한 자아상

■ 김진호 · 최순애
- 왕과 제사장
- 새로운 피조물의 실재
- 믿음의 반석
- 새 언약의 기도
- 새로운 피조물 고백기도집
  (한글판/한영대조판)
- 성령 인도
- 복음의 신조
- 존중하는 삶
- 성경의 세 가지 접근
- 말씀 묵상과 고백
- 그리스도의 교리
- 영혼 구원
- 새로운 피조물
- 믿음의 말씀 운동의 뿌리
- 1인 기업가 마인드
- 내 양을 치라
- 새사람을 입으라